# BIBLE I

Can you find your favo.

grid below?

```
D A V I D G S Y V B O Q J F A M
T A J X H H O B G K A W M D O Q
L G N B C A E T H Q J O S E P H
Z D G I D E O N S Q R J N B O Q
L R A P E T E G O P K O T O A C
J G K E S L Q H O H S F V R H T
J L S Y T E O P X M J W M A R Y
V O K L H V N B A S C U J H N K
U Z S H E O P S X U I I O M B C
Z I G H R V N H D A L G H C A R
A X E S U Y M O S E S L N W C X
E U T U B A B R A H A M U D E I
G G L I U W B E Z H G Y R W R N
S T C D V R M M K D X F P L U N
```

NOAH    MOSES    JOSHUA    SAMSON    DEBORAH

ESTHER    DAVID    ELIJAH    JOSEPH    PAUL

JOHN    DANIEL    MARY    ABRAHAM    GIDEON

# FOODS IN THE BIBLE

Did you know that people ate mustard long before Jesus was born?

```
W W W P O F P X A X B D L Z B T
C P R H Q J X Y W H E A T E D K
Q B W D N O R O C O U L R R A Q
Z L P S Y T O X O N A M F L T D
V K A F M T L E G E Z O Y I E S
F X E T T M I I L Y X N W H S Y
B L Q G R X V B R E A D L E B H
P J N G L L E N T I L S D I C Y
J G R A P E S V U T Y U N L Z E
G P D C H O Q I P O G B G V U W
C V K X H Q M U S T A R D D G M
N A M I N W S L A M B F Y G X M
M G G R C N T V F I G S X C A A
X W Y C N S O C M I L K J Q P G
```

FIGS   BREAD   GRAPES   FISH   LAMB   HONEY

BARLEY   DATES   MILK   MUSTARD   WHEAT

LENTILS   OLIVES   ALMONDS   QUAIL

# JESUS' MIRACLES

Which one of Jesus' miracles popped into your head first?

```
L M G D N M L Q I L E F M Y Y D
I G B Q E I I M A C B E X W Z M
A H N M J C R Q A P Z U M U R I
L F E E D I N G X L K X U O C B
I C D E M O N S E C D U T C R K
K H S M L I E X Z L L S E E O B
Q Q B A L L E O O O D P T F P T
Z T L A Y A S F I A J A B G H O
F P E H H Z I J E V W O L Y A W
W H P A R A L Y Z E D I I M K H
B A E O O R Q F I S H I N G N F
U N R S S U M L R Q A C D E H T
B A S L L S S X F F N Y A H P X
E D H O L E I U R R D B A U U P
```

WINE   HEALING   LEPERS   FISHING   DEMONS

PARALYZED   BLIND   LAZARUS   STORM

MUTE   LOAVES   WATER   EAR   FEEDING   HAND

# THE DISCIPLES AND APOSTLES

All of the disciples became apostles except one.
Do you know his name?

```
N I Y D I L R M L J Q I Z E W N
S W G V T I Z U X W F B T W N Y
L A Z S S U G P T X I H X N L I
R J G W T E E X F J A M E S I E
G L F P H S O W B A R N A B A S
S W Z M A T T H E W T I F E V X
Q Q C W D Z S X J P H I L I P K
S X J K D Q Q T H T O C J O H N
T I J N E L O V T I M J U D P F
T L L F U R M A D M A N D R E W
N N I A S I M O N O S G A N T C
B F P Q S G X A I T F I S Y E F
Y P W L U I J V H H Z Q G G R S
S Y U W W I K G F Y A O T G Q U
```

PETER   ANDREW   JAMES   JOHN   PHILIP   SILAS

THOMAS   MATTHEW   TIMOTHY   THADDEUS

SIMON   JUDAS   MATTHIAS   PAUL   BARNABAS

# ANIMALS IN THE BIBLE

Have you heard the Bible story of the talking donkey?
It's in the book of <u>Numbers</u>.

```
X  O  D  U  S  Q  K  B  H  G  B  V  C  O  R
K  L  J  B  D  I  H  N  G  O  K  E  B  C  Q
T  V  K  X  N  G  T  Z  Y  A  R  Q  B  Q  W
L  T  Z  R  Z  R  S  M  W  T  B  S  D  J  V
W  B  N  Q  E  Z  T  P  D  O  N  K  E  Y  A
Q  H  G  V  Q  Y  O  H  Y  O  X  L  W  N  S
A  N  A  U  L  V  U  H  T  L  V  E  O  K  R
K  D  X  L  T  H  N  S  C  A  M  E  L  F  A
F  I  U  T  E  R  H  A  W  M  V  A  F  N  V
I  T  L  U  J  T  B  B  J  B  J  G  C  W  E
J  F  T  R  J  K  U  J  E  E  W  L  I  O  N
T  M  J  E  K  W  C  S  N  A  K  E  T  C  T
B  T  M  O  Z  H  Y  A  S  A  R  R  B  N  K
```

LAMB   LION   DONKEY   CAMEL   OX

EAGLE   RAVEN   DOVE   WOLF   BEAR   HORSE

SNAKE   WHALE   VULTURE   GOAT

# WOMEN OF THE BIBLE

Women did amazing things in the Bible.
Who's your favorite Bible heroine?

```
I  O  C  I  M  I  R  I  A  M  W  L  W  L  K  M
Z  B  B  H  A  A  I  R  H  A  Z  H  Q  N  E  C
W  N  S  M  R  Z  R  M  M  Q  B  G  C  R  B  N
J  D  A  G  Y  U  O  T  F  G  B  C  N  S  S  P
X  D  L  C  R  R  U  T  H  A  C  U  J  A  A  L
J  Y  O  W  Z  E  L  I  Z  A  B  E  T  H  R  X
V  J  M  Y  V  V  N  Z  Q  H  D  Y  W  R  A  S
M  B  E  I  Y  E  A  A  T  H  A  N  N  A  H  Z
U  J  O  Z  L  I  O  O  K  A  F  Z  X  C  R  M
X  U  H  Y  E  P  M  H  K  G  D  H  O  H  C  I
T  F  F  T  A  B  I  T  H  A  Y  O  A  E  L  L
Z  R  J  E  H  M  E  K  O  R  G  O  P  L  Z  S
P  Q  A  C  L  N  L  L  A  N  X  M  L  R  B  V
D  J  L  R  Y  L  F  N  G  L  C  M  F  S  E  P
```

RUTH   SARAH   RACHEL   MIRIAM   HANNAH

NAOMI   EVE   JEZEBEL   ELIZABETH   LEAH

MARTHA   MARY   TABITHA   SALOME   HAGAR

# TREES IN THE BIBLE

Here's some trivia: What garden was the
"tree of life" in?

```
J  C  I  B  O  G  S  T  W  Z  R  W  N  U  Y  S  K
P  A  P  I  N  E  E  Y  M  K  W  Q  F  T  C  J  N
U  H  O  T  N  L  K  L  O  T  Q  L  X  I  L  N  O
N  B  M  U  S  T  A  R  D  H  P  M  E  P  Y  D  W
G  M  E  K  B  P  H  X  M  M  E  F  D  I  M  X  L
Y  M  G  C  M  F  A  M  F  V  I  Z  P  B  H  H  E
R  R  R  S  T  L  L  W  I  L  L  O  W  W  V  I  D
Q  H  A  E  M  H  M  L  G  L  S  Q  A  G  R  C  G
K  C  N  Q  G  E  O  I  P  S  Y  C  A  M  O  R  E
W  I  A  O  O  B  N  R  Y  Y  V  J  Z  P  S  X  W
V  Z  T  V  S  I  D  H  N  W  B  R  D  M  E  A  Z
M  C  E  D  A  R  H  L  V  B  J  U  K  J  U  C  Y
C  V  E  W  V  W  N  G  H  W  U  N  U  A  L  J  C
F  P  P  B  W  P  A  P  Y  R  U  S  O  X  C  H  Q
D  L  P  P  G  C  T  B  S  X  D  A  H  G  U  Q  F
```

FIG   OLIVE   CEDAR   PALM   MUSTARD   POMEGRANATE

PAPYRUS   PINE   SYCAMORE   HYSSOP   ROSE   WILLOW

KNOWLEDGE   VINE   ALMOND   THORNBUSH   LIFE

# PLACES IN THE BIBLE

Do you remember what city Jesus was born in?

```
E P B E D E N X Y F K X X U H P M
Z G E G D J J N K J U U X S C C V
F F T Y P G A N R E A G W L P W Y
L D H P S I N A I R D J A J G U R
U P A T M O S E U U Z I P A C G X
U V N K F R D I B S R O G B V Y A
G X Y U R M J O H A R U I S W R A
B E T H L E H E M L B O C K K O M
J U D E A B V A X E Q Y A X Z M R
Z E R T M E S T T M G A L I L E E
V O R C N A Z A R E T H V O I L D
V Q O I G Z I D Q L M O A B N Z S
J Q N H C X C F E E A A R G G A E
E T Q W F H F K K F X V Y E M T A
T A M N K P O U D C M X M X D G U
```

BETHLEHEM    SINAI    ROME    RED SEA    EDEN

GALILEE    EGYPT    JERICHO    BETHANY    JUDEA

SAMARIA    PATMOS    JERUSALEM    NINEVEH

CALVARY    BABYLON    NAZARETH    SODOM

# KINGS IN THE BIBLE

Did you know that Saul was the first king of Israel?

```
C K T M O W L O X E A O P X Q J
M T U D A Y E M Z P A J Y S E B
J E W J G A N D P H V O B B P K
Y P E X E O M A N A S S E H V E
I C N E M G G U M Z W I Z M V T
D R J O A S H K T N J A E I I D
N H L Z H E Z E K I A H C W P B
B O Z V J E R O B O A M H A N J
S A U L X J O T H A M A A B I F
A T Q Q L J F I M T A R R O W R
O W M A D A V I D A V H I U N H
R F L Z A M H L S I J F A Q I K
H J O R N O C A Y U O C H B I N
C D M R W N U Z Z I A H W F G V
```

SAUL   DAVID   SOLOMON   AHAB   JEHU   JOASH

JOSIAH   HEZEKIAH   ASA   UZZIAH   AHAZ   AMON   JOTHAM

ZECHARIAH   JEROBOAM   OMRI   MANASSEH

# CHILDREN IN THE BIBLE

There are several stories about children in the Bible.
What's the first one you can think of?

```
P  E  W  N  P  A  H  F  X  W  Z  V  W  B  J  G  D
W  B  C  C  R  M  G  J  R  C  N  V  H  C  J  C  Q
W  J  B  A  B  Y  J  E  S  U  S  K  O  Y  H  G  M
V  H  W  B  P  H  C  D  A  V  I  D  M  B  N  L  B
N  Y  J  A  I  R  U  S  D  A  U  G  H  T  E  R  D
D  L  A  B  Y  R  E  P  W  E  X  A  Y  A  T  D  J
P  T  C  Y  P  T  G  M  I  R  I  A  M  L  F  Z  V
F  O  O  M  U  Q  G  J  D  S  Q  H  E  Q  B  P  P
A  T  B  O  U  E  G  Y  O  E  S  U  X  R  U  T  J
I  S  M  S  R  C  A  J  W  I  M  N  W  H  N  F  I
J  J  M  E  E  O  B  O  S  A  S  Z  C  I  I  S  Q
V  J  O  S  I  A  H  S  S  P  J  A  U  B  H  I  A
L  E  L  X  U  S  N  E  O  Q  O  S  A  H  N  N  M
U  W  L  Z  J  Q  V  P  N  R  B  Z  A  C  W  V  N
Q  S  J  O  H  N  T  H  E  B  A  P  T  I  S  T  V
```

ISAAC   SAMUEL   ESAU   JACOB   BABY JESUS

JOSEPH   MIRIAM   OBED   DAVID   JOSIAH   BABY MOSES

JOASH   JAIRUS' DAUGHTER   ISHMAEL   MIRIAM

JOHN THE BAPTIST   WIDOW'S SON

# JESUS' PARABLES

A parable is a story that has a moral or hidden meaning.

```
C  I  T  I  M  R  I  C  H  F  O  O  L  O  I  W  B
E  A  A  S  U  P  R  O  D  I  G  A  L  S  O  N  M
W  O  L  O  S  T  S  H  E  E  P  H  L  S  B  Q  P
T  W  E  E  T  D  U  G  S  G  P  R  T  W  Y  W  B
A  X  N  M  A  R  L  C  O  B  E  N  X  X  A  A  H
A  N  T  M  R  V  E  O  W  D  A  M  T  D  Z  C  R
S  B  S  V  D  R  E  I  E  V  R  N  R  G  X  I  B
B  X  N  M  S  X  E  N  R  D  L  A  Q  Z  W  V  Z
F  C  E  K  E  O  A  E  P  H  Y  T  J  U  H  Q  P
D  T  T  R  E  A  S  U  R  E  X  X  W  E  E  I  Y
C  V  K  O  D  O  V  Z  N  D  V  C  I  G  A  T  J
E  I  S  A  M  A  R  I  T  A  N  N  D  N  T  W  R
D  S  M  N  X  X  V  G  T  Y  I  U  Z  P  B  A  U
B  T  D  U  O  W  S  B  M  M  J  Q  A  G  K  U  G
K  A  F  A  Q  M  O  X  N  H  V  X  Q  D  G  B  I
```

SOWER   COIN   NET   JUDGE   PEARL

SERVANTS   LOST SHEEP   VINEYARD   BANQUET

SAMARITAN   RICH FOOL   TALENTS   LEAVEN   WHEAT

PRODIGAL SON   MUSTARD SEED   TREASURE

# GENESIS

Did you know that the word "genesis" means
"beginning" or "origin"?

```
A T C H A W U C B Z M R Z B L P
A B R A H A M F H F D M T L N B
C R E A T I O N W P R B R I R Z
B Y K B N C V Z Y S I U O G O D
P K V N O Y R R D B Z B I H M Z
R T M R G S Z E A R T H S T F C
C A A K E W G D L I Q M A D A M
Z P W J J O S E P H N S A N H R
J N S E R P E N T Q O B C Z Z L
C V J I V H R A J I A M O H U M
E T U X P E I P N J H U K W U E
Z A P S M C A P I I N X D Z L P
H K B X A C X O Q A Q K Y S A Y
O D S Z T Q Z F U X W K H Z L J
```

EARTH   LIGHT   EDEN   FRUIT   SERPENT

GOD   ISAAC   RAINBOW   NOAH   ARK   JOSEPH

ABRAHAM   ADAM   EVE   CREATION

# EXODUS

*Exodus* tells the story of Moses leading the Israelites out of Egypt.

```
V P D M O O W J S U T E X I V Y L
H L S Z U P S D G G V V C E B R N
T A Q K R L S C A W L K O N P Y I
J G O L D E N C A L F S M X T W U
B U R N I N G B U S H P M O S E S
C E E C V D A Y G H S A A A F R C
G S D L H X E N P T F S N S D I E
E N S C H A R I O T S S D H Y M D
H H E U S Q F R E E D O M N P N K
L U A P H A R A O H I V E V F T K
J N B M N R O J A R B E N Z T Q Y
M Z J F X K G Y J I N R T U T I Q
D H K C R O S S I N G K S I N A I
H D K U E T W A P X G D Q R T Y P
X P R O M I S E D L A N D M L C Y
```

ARK   RED SEA   EGYPT   MOSES   PHARAOH

BURNING BUSH   FREEDOM   SINAI   PASSOVER

CROSSING   FROGS   COMMANDMENTS   GOLDEN CALF

PROMISED LAND   PLAGUES   CHARIOTS

# LEVITICUS

*Leviticus* tells us about the laws God gave to Moses and the Israelites.

```
Y  Z  C  P  K  R  H  H  I  Q  I  Z  U  V  M  C  J
W  S  G  Y  P  W  O  Z  D  L  T  G  H  W  C  E  Y
R  Z  S  E  A  I  L  N  Z  V  V  F  U  Z  G  T  Y
D  U  B  W  O  R  S  H  I  P  N  D  N  I  D  N  Q
G  G  N  B  B  U  G  V  V  E  N  F  C  K  E  V  J
U  K  P  O  A  R  U  L  E  S  T  I  L  T  D  E  A
H  D  C  F  B  R  T  O  R  A  H  R  E  V  J  W  E
O  T  C  F  Y  L  B  O  C  L  E  A  N  K  E  B
G  P  O  E  Z  Y  G  R  S  R  S  S  N  C  T  X  D
B  E  R  R  N  T  X  R  S  I  F  E  H  Z  U  Q  F
Q  A  N  I  M  A  L  S  A  F  C  H  O  V  Y  R  Y
F  C  J  N  E  F  E  S  T  I  V  A  L  S  Y  C  U
T  E  E  G  E  S  J  Y  D  C  N  Q  Y  U  L  Q  Q
A  L  S  S  B  A  T  O  N  E  M  E  N  T  J  J  F
F  H  Q  I  S  I  N  S  I  S  A  B  B  A  T  H  V
```

PRIESTS   RULES   HOLY   TORAH   CLEAN   UNCLEAN

FIRE   ANIMALS   SINS   PEACE   GRAIN   WORSHIP   OFFERINGS

ATONEMENT   FESTIVALS   SACRIFICES   SABBATH

# NUMBERS

This book called "Numbers" because at the start of it,
Moses counts all the men who can join the army.

```
Q  A  C  O  M  P  L  A  I  N  I  N  G  T  S  G
L  U  V  V  Y  V  J  W  P  K  S  P  I  E  S  L
P  G  R  G  O  D  C  M  O  D  V  P  S  T  Y  W
V  S  S  O  M  T  O  C  K  T  R  U  R  E  H  M
N  W  E  C  X  X  H  Z  R  T  M  Y  A  G  D  D
Q  E  C  C  A  M  P  O  B  E  D  I  E  N  C  E
W  C  A  E  L  F  Q  D  N  A  X  R  L  B  D  G
M  W  J  N  J  O  U  R  N  E  Y  X  I  F  B  P
Y  L  R  S  B  R  U  Y  V  B  Y  Y  T  B  O  M
K  Z  U  U  P  T  P  D  X  Y  C  G  E  W  J  W
G  K  V  S  T  Y  S  M  O  S  E  S  S  E  X  D
A  B  B  N  R  T  L  I  V  D  M  A  N  N  A  E
O  F  Z  I  F  R  E  L  D  E  S  E  R  T  M  X
H  M  U  Y  F  F  C  K  T  R  I  B  E  S  E  G
```

MOSES   SPIES   MILK   HONEY   TRIBES   ISRAELITES

JOURNEY   DESERT   CAMP   MANNA   FORTY   YEARS

OBEDIENCE   CLOUD   COMPLAINING   CENSUS

# DEUTERONOMY

*Deuteronomy* contains the last set of laws God gives to Moses.

```
Q  S  F  Z  R  U  V  G  G  S  A  H  G  J  O  N
G  J  W  S  J  I  J  U  G  K  B  O  D  O  I  P
G  V  G  N  K  L  C  C  A  G  M  H  W  F  I  M
M  N  F  M  E  Y  F  Z  K  E  M  I  I  L  S  T
H  R  E  M  E  M  B  E  R  N  S  H  C  S  R  J
L  B  K  D  B  C  C  U  A  E  H  U  R  X  A  B
N  P  U  X  O  I  U  Q  P  R  O  M  I  S  E  J
K  Q  V  J  Y  F  R  Y  S  A  U  J  S  J  L  O
N  U  L  A  W  S  S  K  B  T  J  E  J  J  Q  E
S  P  R  O  P  H  E  T  L  I  V  I  N  G  O  G
U  W  Y  O  V  J  D  Z  L  O  J  D  Y  U  F  B
F  W  D  B  L  E  S  S  I  N  G  O  C  M  K  Y
P  A  R  E  N  T  S  N  N  S  Z  L  V  J  V  F
E  G  Z  Y  T  L  D  W  O  R  D  S  U  R  K  C
```

LAWS   LIVING   OBEY   LOVE   PROMISE   ISRAEL

BLESSING   CURSE   REMEMBER   IDOLS   WORDS

PROPHET   PARENTS   FEAR   GENERATIONS

# JOSHUA

Did you know that Joshua became the leader of Israel after Moses?

```
V N Z P V U B J M K B X J T W R A
G Y Y P B K I D U S U I T U D G F
D A I F O T X G B M I Z S C Q Z Z
E O H B T U R I V E R D R L B C H
A S P J X Q W A L L S D Q W J U S
F A I E O B I J B L R T C U I P G
W E L R J X J O R D A N R I V E R
R U C I T I E S A N Q Q F O U S B
B Z Z C D Q J H V W B B K F N B I
Z K Z H M S P U E C J B L R H G Z
S A S O E O R A H A B K D U I G K
R C P Q S G A J U A D B D V I U D
Q D I N R V I C T O R Y J A P H S
E Y E I R N S H O U T M R H K T B
P S S T O N E S X V Z W Y Z H I Q
```

JOSHUA    JERICHO    SPIES    WALLS    RIVER    STONES

BRAVE    PRAISE    ARMY    RAHAB    JORDAN RIVER

CITIES    VICTORY    SHOUT    BE STRONG

# JUDGES

Did you know that God chose 12 people in total to be the judges of Israel?

```
N H P J E B R R W X R O B P N D E
Y V D I F B B H E W X H O S P W W
K E R H H X J N J S S H Q V A G B
K P K K M I B A R A K F N B Z E T
J I F C S F E J M M W Q Y U U V J
T R G O D J W O R S H I P W R G D
D E L K E C Y D F O I S P D A N F
Y P H I L I S T I N E S Q V W B C
L D O M I G H T Y O W N T Y M A R
Q E R M V V T K Q G I D E O N T Y
I B A C E D E B X G N U M M C T K
J O Q D R I F E R V W O P T I L T
A R U S E P E S D E L I L A H E U
S A P D R R J V C Y C L E S K S S
N H A W L I S R V S M E X Q H L A
```

LEADERS   DEBORAH   WIN   GIDEON   SAMSON   BATTLES

MIGHTY   CYCLE   ENEMIES   GOD   TEMPLE   WORSHIP

DELILAH   BARAK   DELIVERER   PHILISTINES   CRY

# RUTH

Did you know that Ruth was David's great-grandmother?

```
K L L E L N F E V E M U O Y A R
M K P U T U N Z J K B J C C T I
W D T J C F M L O V E O L U P W
V K J C N X R L G B S Y A P U C
I Y I P Y M U A L C E L M Z H J
B F W N A O M I V F B D P Z X Y
L L W I D O W O M M S Q W B B S
C G R A I N S B A L F A M I L Y
K S H E L T E R N B H Z Q T E E
U K H A R V E S T X U D V M S P
K N O E U C K A S A D N E S S E
N A I H T V F J T F I Q U I I O
F K W V H C O O Q I Q G B L N O
E X Y A K J U Z H L J O A D G P
```

RUTH  NAOMI  BOAZ  HARVEST  JOY  OBED

GRAINS  BLESSING  MOAB  KINDNESS  FAMILY

WIDOW  LOVE  SADNESS  SHELTER

# 1 SAMUEL

Do you remember who raised Samuel in the temple?

```
C Y Y M H H M P L A W K F F P C
F T M S Q E U B G Q T U H V M X
C S H E P H E R D B O Y S I Q W
B V K S L Y Z V N A G W T V E Q
J E O V O I C E L Y V E X F R N
R I Q O Z I N H W Y G I D X C A
S E S P E A K L O R D Y D O Z U
A Z L A D G E J E S S E D T N G
K L I Z U O S A M U E L V E X B
P J N H N L Y A N O I N T I W W
Y M G P R I E S T L C O T U G J
G H A N N A H W N S F L L G U G
M N G H T T E Y C V R A A L D D
J O N A T H A N F R R Q Y N P F
```

ELI   SAUL   DAVID   CHOSEN   SAMUEL   JESSE

HANNAH   GOLIATH   VOICE   ANOINT   JONATHAN

SPEAK LORD   SHEPHERD BOY   SLING   PRIEST

# 2 SAMUEL

Samuel was the last judge in the Bible. Who led Israel after the judges?

```
O D Y J X L R E Z Z O J T T M A R
N W M B S S M X O X F N P G O B V
F J N G N Q D G D Q Q V M C K I T
X Q R O A O S P W R A U A F S D P
S K S M T H R O N E N N J R F Y U
B K Q I H P L C R L M N E X I U S
Q U R I A H S B X M D I P N G W F
V D K I N G D A V I D A Z N H B X
L Z O W Y U A T L L D O I G T Y J
D T A P I M N H O M I S J X C M A
K Y W C P F C S G P S I K F F L Y
R Y A K O B E H O E Q O T M T W P
N P R O M I S E L N R S Q E U Y Z
E A Y C S O I B A J G B T O U E K
U J J E R U S A L E M S O R R Y J
```

ARK    SONGS    DANCE    KING DAVID    SORRY    PSALMS

BLESSING    THRONE    FIGHT    JERUSALEM    NATHAN

SONS    PROMISE    URIAH    SOLDIERS    BATHSHEBA

# 1 KINGS

That's right, the kings led Israel after the judges!

```
K  E  S  U  O  W  D  K  S  Z  C  M  Z  P  O  A  U
K  I  N  G  D  O  M  T  C  Z  I  M  D  M  T  H  F
D  I  S  O  B  E  Y  D  H  A  N  E  L  R  L  A  L
F  S  O  L  O  M  O  N  O  R  A  P  T  K  H  B  Q
P  R  H  D  B  R  O  D  X  M  Y  A  W  L  H  S  Y
Q  U  E  E  N  O  K  P  C  X  N  N  L  A  N  J  Z
D  T  I  L  B  N  W  I  S  E  F  Y  E  M  W  C  E
M  T  D  W  I  A  L  T  A  R  P  P  R  M  R  P  Z
Y  W  O  S  L  J  R  I  C  H  R  E  D  H  J  C  C
G  A  L  E  F  D  A  U  R  T  O  L  U  X  H  U  V
V  I  S  I  O  N  W  H  I  K  P  Y  V  F  H  W  B
T  L  N  K  D  K  H  I  F  B  H  Q  U  K  U  V  D
I  O  S  V  X  B  X  F  I  R  E  R  S  E  A  W  A
G  I  B  B  G  B  M  O  C  Q  T  U  A  J  M  C  S
H  M  K  T  E  M  P  L  E  B  S  A  G  Q  H  M  M
```

WISE   SOLOMON   GOLD   RICH   QUEEN   FIRE

PROPHETS   SHEBA   ELIJAH   AHAB   DISOBEY   TEMPLE

KINGDOM   IDOLS   SACRIFICE   ALTAR   VISION

Do you remember who Samuel crowned as the first king of Israel?

```
V C Y P W G R E S R D C E P Q A X
D R C C T G R M V L V C Q F Q L L
M G B E L I S H A M P Z R J R E D
C I F H F Z T B Z H Z V W L B S G
D X R B Q P E L I J A H Q E D E A
D A N A B R M K V D C B Z D A B F
T A Y B C A P I N Y O E N T L W G
U T X Y E L L N D D J L V A I N F
Q Z C L S G E G R E P E N T H F W
W V U O F Z G S N E X P H C K R C
K T E N X F T D A N S R Z U I H A
S R O J Z Y C H A R I O T U D S G
N O Z L Z O Y Y M Z G S T I N G D
M L B W Y D U N A S S Y R I A X P
U C N K W E Z I N Z W W E F P M G
```

KINGS  FIRE  ELIJAH  ELISHA  MIRACLES  JEHU

AHAB  TEMPLE  IDOL  LEPROSY  JEZEBEL  CHARIOT

ASSYRIA  BABYLON  NAAMAN  REPENT  KIDNAP

# 1 CHRONICLES

*Chronicles* is the last book of Hebrew Bible. A *chronicle* is a record of important events in history.

```
E  V  O  U  X  Z  K  N  T  O  M  L  P  N  F  O
W  O  R  S  H  I  P  P  E  R  S  L  E  O  I  S
F  S  P  X  A  Y  K  W  S  T  C  H  H  B  B  L
K  P  J  K  I  C  J  A  W  P  R  I  E  S  T  S
Y  E  H  I  S  T  O  R  Y  F  O  I  N  C  G  I
A  B  O  N  R  I  V  R  E  A  L  K  B  D  T  N
Q  I  P  G  A  Z  D  I  Y  M  L  W  W  E  B  G
Z  U  E  M  E  P  R  O  M  I  S  E  S  H  S  E
K  J  D  D  L  Q  F  R  J  L  U  R  K  O  R  R
P  L  E  V  I  T  E  S  J  Y  X  Z  P  P  O  S
F  A  I  T  H  F  U  L  X  D  I  L  C  L  L  K
F  N  N  V  Y  J  B  V  W  Q  X  F  F  Z  B  I
C  D  F  U  H  O  P  Z  W  L  K  F  O  D  C  Y
A  R  E  U  D  H  V  M  E  P  U  M  G  C  K  K
```

ISRAEL   HOPE   LAND   SINGERS   HISTORY   SCROLLS

WARRIORS   PRIESTS   LEVITES   TRIBES   FAITHFUL

KING   FAMILY   WORSHIPPERS   PROMISES

# 2 CHRONICLES

This book tells us about Solomon's plans to build a temple for God.

```
G G M V N Q D I K W A L P V L U Q
P F M N W H M O W G S Y R G B A I
H E Z E K I A H C R H P V F J Y A
C G M B A W B T V G U U P V J K T
I M D U Z U Y E Y G Y L R F Q I E
V Z D C M N W M N Y L R E P E N T
F G L H U A Z P N J Z L P R L G D
W W F A I T H L R H A S A W S S Y
I U W D H C Z E E U L M R C R O B
T I T N Y W Y O T B E V I L A L J
I Z U E L Y V N U M X C N N U O O
H O G Z H O U E R K I N G D O M S
B B D Z C O H R N J L X I L G O I
C S S A C R I F I C E E Z X S N A
R V Q R J A L I H M S Q J U D A H
```

FAITH   EXILE   TEMPLE   COUNT   JUDAH

JOSIAH   KINGDOMS   BENJAMIN   REPENT   RULERS

EVIL   RETURN   HEZEKIAH   PREPARING

KING SOLOMON   SACRIFICE   NEBUCHADNEZZAR

# EZRA

Ezra taught the Israelites God's law when they came home after spending many years in Babylon.

```
L T N V R D E Q F M E Y I L U X H
F P C Z E M A L P N K O X R L E W
X B E D T E A C H V W F B F R N R
U Y J G U T S T G O D S L A W Y R
K V K I R X H T Q S M J O B A B L
J Q T L N P J J B T P E R S I A U
M U V P A I R E Z S C R I B E C R
F F M R E B U I L D G U A U V O Y
P L K R I G H T E O U S N Y D M M
Q S N E A P N E W S T A R T Z M G
K P P S R A X Z O C T L R T I A O
P J V T V Y D R W O B E D I E N T
Y M U O X Q G A R A D M C C A D S
E S H R P P V F W H W X S C Y S O
D U X E O W T A U Q R Z K J X K Z
```

EZRA   PRAY   TEACH   NEW START   HOME   PERSIA

GOD'S LAW   RETURN   SCRIBE   RESTORE   REBUILD   PRIEST

JERUSALEM   OBEDIENT   COMMANDS   RIGHTEOUS

# NEHEMIAH

Nehemiah was in charge of rebuilding Jerusalem and walls around it to protect the people.

```
P C K U D I E W R T R K T B T G
R R P B G A R J F B F X E H C Y
H W A G Y N M C T L W H D C Q Q
W Y F Y I S W P K H T W Z S E T
X N E H E M I A H K Z A O P U J
O M A C Y R U S C G U L P W P K
S N S W O R D H P K J L Y V P F
I X T P N Y U I J F V A W T O I
G C J B W B E N C O U R A G E Y
H T U X U P R O T E C T I O N A
H O L Y C I T Y L L G P U I O M
D Z J L C E L E B R A T E R M Z
Y D M G U A R D M G T B P N E Z
Z Y I H Z C U R Y P E R S I A P
```

WALL  BUILD  GATE  FEAST  CYRUS  NEHEMIAH

HOLY CITY  SWORD  GUARD  FUTURE  PERSIA  PRAYER

CELEBRATE  PROTECTION  ENCOURAGE

# ESTHER

Esther was brave and saved the lives of her people by speaking up.

```
Z  I  X  A  H  S  H  E  Z  E  X  T  G  J  G  G
P  H  P  P  R  A  Y  G  O  C  K  K  D  F  X  K
T  M  R  U  F  J  M  V  S  H  U  F  A  D  I  Y
O  M  O  R  D  E  C  A  I  V  J  H  Y  Q  K  K
A  W  T  I  Y  Y  A  I  N  S  V  P  N  O  E  S
C  H  E  M  J  E  W  S  N  R  P  I  E  M  L  D
F  C  C  H  V  A  S  H  T  I  J  R  S  S  C  M
N  U  T  M  J  X  O  L  N  A  M  E  F  S  M  Y
P  V  H  H  S  S  Q  L  Y  Z  X  S  Q  W  Q  Z
A  C  X  K  C  R  Y  B  Q  X  Q  T  D  D  V  E
A  F  K  S  D  P  E  R  S  I  A  H  R  N  K  K
A  F  A  S  T  K  B  A  N  Q  U  E  T  V  B  W
N  M  H  R  U  F  A  V  O  R  O  R  A  K  I  H
K  H  R  F  K  Q  U  E  E  N  R  P  O  V  H  X
```

PRAY   QUEEN   ESTHER   BRAVE   FEAST   FAST

FAVOR   JEWS   PROTECT   HAMAN   VASHTI

MORDECAI   PERSIA   BANQUET   PURIM

God allowed job to go through a tough time to prove to Satan that Job was loyal to God.

```
K  I  P  M  Q  V  X  F  X  M  A  Z  S  G  W  N
F  O  Z  M  E  W  C  J  F  X  B  N  F  S  F  L
K  E  T  F  X  M  K  E  R  A  E  U  S  U  R  F
D  Q  F  N  E  U  P  A  C  T  I  R  H  W  I  Y
J  O  P  P  E  U  N  I  F  M  H  E  A  L  E  D
I  K  D  A  X  H  O  P  E  Y  Q  H  J  B  N  R
W  G  O  R  N  B  Y  A  W  J  U  B  Z  W  D  F
E  M  U  C  F  A  I  T  H  L  E  P  P  A  S  S
U  K  T  F  U  R  P  I  R  E  S  T  O  R  E  D
C  D  L  Z  S  T  R  E  N  G  T  H  P  L  S  V
X  B  T  R  U  T  H  N  P  A  I  N  O  G  X  D
W  I  F  E  G  F  Q  C  D  C  O  M  F  O  R  T
G  R  L  O  S  S  F  E  U  N  N  S  U  B  E  M
D  Y  I  H  H  T  G  T  R  U  S  T  H  Y  N  X
```

FAITH   WIFE   FRIENDS   TEST   HOPE   LOSS   TRUST

COMFORT   PAIN   ANSWER   HEALED   TRUTH

PATIENCE   RESTORED   QUESTIONS   STRENGTH

# PSALMS

The psalms are songs the Israelites sang to God in the temple.

```
P Q J W H G K A Y P X N B T C I
Y O K O Y U S S F Q Q N Y M L O
N O U R E S C U E T A A Z O M N
E O U S Q V G J L K Y Q F P N Y
T X L H E L P E R S Q M E R C Y
P R A I S E O T L N N A S I N G
K Y U P G A B R I Z A X H G K L
P E X S P V J E D N C M I H Y O
H Z H U T C R E J O I C E T O R
G X T C H I Q J O Y F U L E B Y
U G X Z A I N J D A V I D O B Z
Q I F Y N U Z G W W G O Y U L A
C C Z Z K G Y T T C E I Y S C D
I Y K V S D A N I Z T J A D S K
```

SING   LORD   DAVID   JOYFUL   THANKS   GLORY

MERCY   WORSHIP   RESCUE   HELPER   PRAISE

SHIELD   TRUSTING   REJOICE   RIGHTEOUS

# PROVERBS

This book tells us how to stay out of trouble and gives us good advice.

```
P N V C X T W G B H B D V A X I J
W S E I X Z D F O O L I S H I H Q
U V X B Y D A X D R E B U K E T C
W G I X R M R A Q W S W W O U U D
Z L C O Q J F N U H S Z I B I A I
J I I N S T R U C T I O N A V C S
T S H P H R I G H T N Z T L V K C
G T O N G U E M L H G R E T H X I
Y E N J H K N O W L E D G E U W P
D N E D Y I D N J P C Y R U M I L
J V S I M I A V T C H G I U I S I
I E T R I D Y F H E A R T C L D N
O C Y C Z T F W W T G G Y S I O E
W N M P X A D H W Z U R C M T M V
U N D E R S T A N D I N G Z Y H A
```

LISTEN   HEART   FRIEND   WISDOM   RIGHT

HONESTY   FOOLISH   TONGUE   HUMILITY   REBUKE

GUIDE   KNOWLEDGE   INTEGRITY   BLESSING

DISCIPLINE   UNDERSTANDING   INSTRUCTION

# ECCLESIASTES

This book helps us understand life and how we should live.

```
Y  L  C  Q  D  B  K  D  S  H  M  J  Y  O  E  V  T
V  S  D  E  Z  B  O  H  B  Z  W  U  K  V  O  K  K
I  C  P  E  W  E  K  G  V  Z  W  P  K  M  B  N  F
C  V  B  E  K  Z  Z  J  O  J  C  C  O  C  J  O  H
L  X  Z  Q  W  E  A  L  T  H  S  O  R  R  O  W  L
P  R  W  R  I  X  J  P  L  I  F  E  Z  E  E  L  Z
X  P  X  R  R  P  U  U  K  Z  M  I  C  A  F  E  P
N  C  I  R  L  S  L  R  W  I  S  E  R  T  K  D  V
P  P  L  Z  J  W  M  P  P  A  F  T  S  O  P  G  L
F  O  L  L  Y  M  E  O  X  R  L  E  A  R  N  E  S
Q  S  E  A  S  O  N  S  N  A  H  R  J  J  B  I  P
A  F  X  B  H  T  M  E  A  N  I  N  G  H  M  T  I
B  G  J  O  Y  P  K  O  M  T  O  I  L  T  C  A  A
B  P  D  R  U  U  Z  H  E  A  R  T  U  E  K  N  G
G  J  Q  U  V  H  S  T  L  H  Z  Y  T  W  V  K  C
```

WISE   TIMES   JOY   HEART   MEANING   TOIL   LIFE

LABOR   SEASONS   FOLLY   SORROW   WEALTH   LEARN

PURPOSE   ETERNITY   CREATOR   KNOWLEDGE

# SONG OF SOLOMON

This book is about a bride, groom, and a wedding.

```
Y H U V H A A J V E F Z W K Z L N
V V V E B U B Y V Q S P I C E S O
Q X L J E Z O F L O V E S O N G Y
Z K L F T O Z X S O Z R B W Q T E
V Y W N S X L K L S Y F T W U X V
T N N K J P K M U D F U H R N U H
R H E A R T F I A V R M G R F B Z
B A U B H Q F F L O W E R S V B X
R P D H O I C J I W U F O O I J S
S P R I N G S O L S R D O S N X Y
R I B B E A U T Y R L W M D E B H
L N K R Y R H V J W P C I D Y P N
F E L I E D I K D M I Z Q O A K V
J S W D D E Z E J L U A G V R B R
Y S N E J N E N B E L O V E D D M
```

LILY   DOVE   BRIDE   GROOM   GARDEN   BEAUTY   HONEY

HEART   SPICES   BELOVED   SPRINGS   HAPPINESS   VOWS

FLOWERS   VINEYARD   PERFUME   LOVE SONG

# ISAIAH

Isaiah was a prophet who predicted that Jesus would come to Earth and how his life would be.

```
E O V V I M O J Y O X B Q T H I P
H V K I A I L D W S N Z J A A B P
M M E S S E N G E R G I P O I Z R
U S P R O P H E C I E S Z E W P O
W V S J L J J V I U C U P G A V P
D C S Y Q A U Y O Z Y N R W O C H
K K T Z P N S D N A T I O N S R E
C O V E N A N T G I C O M F O R T
E T P I D I E E I M B G I Y H E G
R I G H T E O U S N E S S L F D L
S A L V A T I O N Q G N E A E E T
L W O Q I Z D Z L I G H T Y B E I
S E R V A N T E O C X O R J N M K
U I Y U J Y S P O I Y P E I J E O
J Y X H D G H O L I N E S S J R A
```

PEACE   GLORY   NATIONS   LIGHT   HOPE   PROMISE

COMFORT   PROPHET   SERVANT   SALVATION   JUDGMENT

HOLINESS   REDEEMER   COVENANT   MESSENGER

EVERLASTING   PROPHECIES   RIGHTEOUSNESS

# JEREMIAH

Jeremiah was called the "weeping prophet" because the visions he saw were very sad.

```
X  D  Q  F  A  I  T  H  F  U  L  N  E  S  S  Y  Y
V  N  C  A  M  Y  Q  G  R  P  N  Q  H  J  A  G  M
S  C  F  N  O  W  E  E  P  I  N  G  Q  U  L  P  F
E  O  O  V  O  F  B  D  O  Y  B  E  R  D  X  B  E
V  O  R  V  R  W  C  H  T  U  B  G  E  G  A  X  D
W  C  E  R  E  P  E  N  T  K  P  A  N  E  J  J  Q
I  H  T  L  O  N  H  H  E  A  R  T  X  M  U  N  I
Q  L  E  W  T  W  A  P  R  O  M  I  S  E  S  F  W
K  X  L  X  W  A  R  N  I  N  G  S  W  N  T  S  O
E  U  L  D  I  Y  E  Q  T  O  H  Y  G  T  I  V  Q
P  R  K  S  N  L  N  H  E  A  L  I  N  G  C  M  H
F  P  F  T  L  L  E  B  A  B  Y  L  O  N  E  U  I
H  S  G  L  E  O  W  B  R  O  K  E  N  W  L  I  O
N  J  Q  X  Z  Z  H  I  S  R  A  E  L  N  Z  W  E
I  M  I  X  Q  Q  C  J  K  I  R  E  I  G  O  R  U
```

HEART   TEARS   SORROW   RENEW   ISRAEL

POTTER   BROKEN   REPENT   HEALING   FORETELL   JUSTICE

WEEPING   WARNINGS   COVENANT   JUDGEMENT

EXILE   FAITHFULNESS   PROMISES   BABYLON

# LAMENTATIONS

Did you know that the prophet Jeremiah wrote this book?

```
T D I I Z F R E Q T L B R F F E N
O W E P V C R G E A S C C N Z U H
C M J W V A Y F V C V S C B V T D
R L E X I L E L J R W R A T H P X
B Q N B S O R R O W G V P E Y C O
G M D G K D T V Q S S R T V F K A
T R U S T C O M P A S S I O N Z W
J E R U S A L E M O C E V E Z Y K
B P A D M O U R N I N G E S F E L
S U N R A C V C A C H W S I L R S
A I C A S R T Y N L F X B T N S Z
Z M E R C Y D D E X D S Y H C V S
A F H T D I O C C O M F O R T L M
Z P J S I N I B R N H K Y H H V A
Z D S L I G Y U S G F A N G X E Y
```

MERCY   TRUST   COMFORT   WRATH   LOSS   CRYING   SIN

CAPTIVES   JERUSALEM   SORROW   GRIEF   MERCY   EXILE

MOURNING   TEARS   COMPASSION   ENDURANCE

# EZEKIEL

Ezekiel was another prophet who also had sad visions about what was going to happen to Israel.

```
W K J V L Y L M E W Y U C O U X W
T R O N R X L Q D O D O Y Z T Y G
Y Y T L R A B O M I N A T I O N S
O S C H E R U B I M E C B A G I Y
Q Z R H S E O D S U E M Y F H J I
Y R F S T O N E R W E V V P V E K
F E I P O Y K C A P T U R E D K Q
X U D E R E I E E Y E X R V E V M
V N O A E U H M L V U W G G J V E
V I L K D B E M W A T C H M A N C
B T S L D N A W Y L Q T J E O P S
T E R I V E R O F L I F E W E C E
L E B F O O T A N E W T E M P L E
Z A J E V N J D R Y B O N E S J R
E Y P G O D S G L O R Y O G U T C
```

WHEEL   IDOLS   STONE   ISRAEL   VALLEY   VISIONS   HEART

RIVER OF LIFE   SEER   REUNITE   DRY BONES   SPEAK LIFE

CAPTURED   WATCHMAN   CHERUBIM   RESTORE

NEW TEMPLE   GOD'S GLORY   ABOMINATIONS

# DANIEL

Daniel believed that God would protect him from the lions.
What do you believe God would do for you?

```
M L E E K G C G F A S T G F M V I
T P E H A N D W R I T I N G X R H
P R A Y I N G D T T A Y R G N M Z
P M M V Y A G R D C T Q J G R W F
R Q T H R O N E E E U P E S V S X
E G Z V R U L A L L E O T Y E Q X
H A N L T U J M I N V G D F G Y F
V B B I C B D S V T C C V T E B L
N R Q O B E D I E N T D E O T R C
Q I H N W F I E R Y F U R N A C E
B E A S T S A Y Y E W K F Q B X M
U L Y D B E L S H A Z Z A R L A Q
W A T E R W S J I V R W V D E F C
G D G N I G P A P Q E X D X S G I
W L X H H M M A H L E I H Y L F V
```

ANGEL   WATER   DREAMS   FAST   STATUE

GABRIEL   LION'S DEN   BEASTS   THRONE   PRAYING

BOW   DELIVER   OBEDIENT   VEGETABLES

BELSHAZZAR   HANDWRITING   FIERY FURNACE

# HOSEA

Hosea was a prophet that predicted that God would make a new covenant (deal) with Israel.

```
C Q B K L M I U M K E F K C C O
R V I L M F D Z H P V L L T K Q
B B C F C C O S F U Q Z B Q I V
K N I V B U L J E Z R E E L K S
H C Y R A W W I C C A T T G Y A
S O K E W J O S C D F A R G A V
M M F T I V R R E J P C A O M Q
K P Y U Z X S A T C B M Y M I A
A A P R O P H E T L O V E E Y S
Z S I N S R I L Z X Y Z D R A K
F S O Q A U P P G B P E R S C S
N I Y R U H P H O S E A T K Y Y
Q O F O R G I V E A M B W A Z D
M N N J Y Y F J O R G Z J E K Q
```

MERCY   HOSEA   ISRAEL   GOMER   LOVE   SORRY

JEZREEL   PROPHET   MARRY   HURT   FORGIVE   RETURN

COMPASSION   SINS   IDOL WORSHIP   BETRAYED

# JOEL

Joel encouraged the people to stop doing bad things and tell God that they were sorry.

```
F  A  M  I  N  E  Z  K  V  T  G  I  E  J  Y  R
Q  P  O  U  R  O  U  T  Y  R  D  T  P  G  O  E
D  L  O  C  U  S  T  S  V  H  I  F  S  T  U  S
Z  X  N  N  X  U  D  L  V  G  R  E  P  E  N  T
E  G  V  H  J  N  A  T  I  O  N  S  I  T  G  O
Y  O  C  A  T  E  R  P  I  L  L  A  R  X  R  R
T  V  A  R  L  R  K  J  P  I  A  G  I  I  Y  E
O  J  X  M  K  O  Z  N  H  V  V  N  T  Y  F  J
D  J  U  Y  A  R  S  G  E  O  M  F  I  I  N  X
P  K  O  Y  F  S  M  K  Y  E  Y  B  P  V  Y  I
B  F  I  G  O  G  N  A  P  Q  S  J  U  K  E  G
Q  Z  J  G  L  K  Y  A  Z  Q  Q  Z  W  V  S  R
Q  J  J  U  D  G  E  Q  E  D  C  A  H  R  C  J
Y  H  N  J  R  Z  T  Y  H  B  F  P  N  J  B  G
```

ARMY   JUDGE   SUN   MOON   DARK   SPIRIT

YOUNG   LOCUSTS   FAMINE   REPENT   POUR OUT

NATIONS   OLD   RESTORE   CATERPILLAR

# AMOS

Amos told the people that God was angry because they were treating others badly and being unkind.

```
S O J T R Q Z H B G G T C P O O R
U Z J W I D O W U O Y C A R E M Q
A R J E R O B O A M R U G O S S K
U S D A O Q S W J Y I B K P J F O
H K P L U M B L I N E L W H X O J
J N Q T V M X J K G B T I E C A Z
G E J H C S D K P E N A L T Y X Q
K M N D L L J G X J E O J A Y G B
I C T J M I F Z J J Y J R Y H D U
D L T D V I N E Y A R D E E H J M
X A U M I S T R E A T V T W Q F Y
H T Q J S I N S A L H F N D T M B
J U S T I C E K Z U O A X G D X B
T H M L O R P H A N O J F N T T L
R L I O N S R O A R N N K C A L Y
```

POOR   CARE   JUSTICE   WEALTH   SINS   IGNORE   PROPHET

VISION   WIDOW   ORPHAN   PENALTY   JEROBOAM   VINEYARD

LION'S ROAR   MISTREAT   HUMILITY   PLUMB LINE

# OBADIAH

In this book, God protects his people from their enemies, even though they have done bad things.

```
P J Q O O P I H Q P K H O T J H M
F N F E T E R G Z M C J K V Y O S
K Y K Z M Y I I L G E N F B F X U
C M M G S T Q H D R K C R E C M Y
X U D E S T R O Y E D R V T P D U
Z I A G E T X O R F A T O R H G X
J R W Y U R W Z X U V W W A N J T
J W K J U D A H Q G U Z D Y E D H
E L A M O Z R S V E N G E A N C E
T T O C X N R E S Z L Z L L E Z D
Q D J D Z K I N G D O M I K M E A
E K N A T I O N H G O E V U I Q Y
D S U I C I R T X R H Z E B E X F
U Y A J Z S S V K A N G R Y S Y W
K Z J U D G M E N T K W D T H Q G
```

EDOM   ESAU   PRIDE   NATION   THE DAY   ANGRY

DELIVER   REFUGE   ZION   ENEMIES

JUDAH   KINGDOM   JUDGMENT   BETRAYAL

WARRIORS   VENGEANCE   DESTROYED

# JONAH

Do you remember what happened to Jonah
after he fell into the sea?

| | | | | | | | | | | | | | | | | |
|---|---|---|---|---|---|---|---|---|---|---|---|---|---|---|---|---|
| E | Z | Z | M | L | N | Z | B | C | U | K | G | X | I | D | D | Z |
| H | E | D | I | V | W | K | S | A | I | L | O | R | S | S | F | K |
| R | J | J | S | U | H | N | C | P | O | M | L | B | H | X | Y | Y |
| L | D | I | S | E | X | P | O | R | X | R | M | G | A | R | A | F |
| H | A | T | I | G | T | B | V | E | P | R | H | M | D | W | E | J |
| W | S | T | O | R | M | S | W | A | L | L | O | W | E | D | R | C |
| C | U | I | N | O | F | T | W | C | R | R | V | N | G | N | W | U |
| Q | L | W | U | U | R | R | H | H | X | N | E | Q | M | I | A | W |
| H | K | L | S | G | U | E | A | D | W | O | R | M | W | N | R | C |
| V | I | L | B | H | B | E | L | L | Y | R | B | B | L | E | N | F |
| A | N | D | I | S | O | B | E | Y | A | B | O | A | T | V | I | J |
| E | G | I | S | E | C | O | N | D | C | H | A | N | C | E | N | V |
| N | E | S | C | A | P | E | P | M | N | M | R | D | F | H | G | A |
| Y | U | U | W | K | H | C | K | Z | I | Y | D | M | C | W | F | M |
| O | T | E | Q | T | R | O | J | H | R | J | R | Y | F | H | A | R |

WHALE   BELLY   STORM   BOAT   TREE   SHADE   WORM

ESCAPE   DISOBEY   SULKING   PREACH   MISSION

SAILORS   NINEVEH   WARNING   ROUGH SEA

SWALLOWED   OVERBOARD   SECOND CHANCE

# MICAH

Did you know that Micah predicted where Jesus would be born? (Micah 5:2)

```
Q B E T H L E H E M M H E D W G C
T G G J O K S J D W O N E Z O J J
Y W P J O E O I R V T X R G Y U F
E W A C L T M L P U N J U S T R C
D Z U R D R Q X X V L F H X O O R
Y N U P N N B D F C J E I I F X D
Q W N Z E I R L S A M A R I A B P
C O V E N A N T O M R C G T I I C
P Y H I N T C G R E M N A N T U Y
Q C Q O P P R E S S E D Z Y H W L
V J T U P R O M I S E D G Y F R H
G C M C J H V S H I H F U T U R E
U C N K M O U N T A I N S A L A J
K V X W X P A M D H U M B L E S D
S H E P H E R D W T N Y C E X Q B
```

HOPE   PEACE   BETHLEHEM   RULER   FUTURE   UNJUST

HUMBLE   MESSIAH   PROMISED   SHEPHERD

SAMARIA   MOUNTAINS   COVENANT   FAITHFUL

REMNANT   OPPRESSED   WARNINGS

# NAHUM

Nahum foretold that God would destroy two cities
that did a lot of evil things.

```
Q  Y  V  A  T  V  R  K  P  A  C  U  G  P  I  S  I
B  S  R  H  C  H  L  I  O  N  S  E  N  Z  L  I  A
O  J  Y  K  V  A  A  D  V  D  Y  E  M  K  A  M  G
S  S  C  I  T  Y  G  A  T  E  S  L  N  P  T  Z  D
Z  F  C  H  A  R  I  O  T  S  R  A  I  N  I  K  H
U  E  I  K  W  P  L  S  U  T  H  U  N  D  E  R  V
G  B  S  Y  G  A  S  S  Y  R  I  A  E  O  E  T  E
E  Q  S  F  A  E  R  E  F  U  G  E  V  K  P  C  F
L  E  B  J  R  I  L  Z  N  C  F  W  E  U  N  I  V
O  R  L  T  L  Q  W  R  A  T  H  T  H  U  T  O  U
L  W  R  I  V  E  R  T  R  I  U  M  P  H  W  R  C
U  O  U  S  F  I  Q  D  G  O  T  L  X  Q  S  L  A
F  A  L  L  V  I  S  I  O  N  S  K  F  V  U  E  O
O  Y  Z  I  K  S  R  Q  G  Y  M  O  I  L  L  B  B
F  R  B  A  T  T  L  E  S  I  X  Z  O  Z  B  J  T
```

FIRE   RIVER   BATTLE   RIVER   LIONS   FALL

EMPIRE   VISION   THUNDER   WRATH   REFUGE

ASSYRIA   NINEVEH   CITY GATES   TRIUMPH

FORTRESS   CHARIOTS   DESTRUCTION

# HABAKKUK

Habakkuk was upset with God for allowing bad things to happen to Israel, but God shows him a positive future.

```
N W U N P J S W A T Z G W W W B X
R N Q H M C P V R G Z A X E J D L
V C N D J U W A I T I N G Q Q S A
J H Q D B Q Y F Q L V R G A T E S
P A T I E N C E X D S V J D O Q D
L L B G J Y O O W X B Z U O Q M S
Z D R O Q P R A Y P A A S V U G T
N E E D L E R U T Y B Q T W E M X
X A X S V A U A Q P Y O I G S A C
O N Y A P R P R N A L F C P T V B
H S O N W A T C H T O W E R I E S
A W V S C V I S I O N R G A O N G
P Z X W Z K C R E J O I C I N G R
P X Y E A R T H Q U A K E S S E Q
Z Z L R O D E O T N S A V E H T T
```

SAVE   VISION   AVENGE   PRAY   PRAISE   WAITING

DESPAIR   QUESTIONS   PATIENCE   BABYLON   JUSTICE

REJOICING   CORRUPT   CHALDEANS   WATCHTOWER

GOD'S ANSWER   EARTHQUAKE

# ZEPHANIAH

Zephaniah was also a prophet who warned Israel to stop doing bad things.

```
R A V F U L Y G E B G U T K I I J
F T I Q P W M Z S K P C B B Y K X
I A H A P L N D Z P A Q F X W C Y
U D E S E R T X J O S I A H R D K
S P E A C E F U L F T B D E I F C
A V J S H A M E E C U D T W W L K
A I O U T F F Q Z R L F H B V I
E H Y J E R U S A L E M E S V Z F
R E F U G E U C Y H D S L J J N H
V M U N I P B C S K S O X M S C J
F M L O W E C X T A D Z D G G S R
X S C O R N Y H X I Q I N I L X Q
K K S Y A T V M S Z O O A K P G U
B L T T O V F R F S N C U Q X O
F L K C H G A W S Y N O T Q F B D
```

ZION   JOSIAH   JOYFUL   SONGS   PEACEFUL   SCORN

PASTURE   REFUGE   DESERT   REPENT   JERUSALEM   WRATH

SHELTER   SHAME   DESTRUCTION   IDOLS

# HAGGAI

Haggai predicted that a second temple greater than Solomon's temple would be built.

```
H N J P F J I B X W K U A P G X S
F J D R O U G H T V E B Y H N Y U
K N S B D R U I N S B R P Z C Q F
Q J V L Y L R Q Q N H A R V E S T
Z T J E M I P Z B P R L O F O B B
G O X S P O H E T J D A M N P P R
C V O S T R E N G T H X I W R T K
H U N I E U E P R O V I S I O N K
Y Y T N B B D L Z G L O E W P R B
E O D G H B B X M E X D E V H T K
R E B U I L D W W T S I L V E R X
X F B U S E U G G H N B D Y C Q K
R Z E R U B B A B E L X E M Y Q N
N N S G V V Y K Q R S L O B A V V
K E V B V X A B D C H B G G R G G
```

GOLD   SILVER   RUINS   PROPHECY   WORK   HEED   REBUILD

BLESSING   SPIRIT   HARVEST   PROMISE   RUBBLE   TOGETHER

DROUGHT   PROVISION   STRENGTH   ZERUBBABEL

# ZECHARIAH

Zechariah, like Haggai, also had visions of rebuilding
the temple and the Holy City.

```
U  K  B  E  W  V  J  J  J  Q  Y  E  S  P  Z  O  X
F  S  G  H  P  W  P  S  O  L  J  J  H  G  Y  S  N
V  D  S  O  F  M  E  S  S  I  A  H  I  U  C  H  O
A  F  V  R  L  R  A  F  H  G  V  V  G  R  D  H  P
U  H  U  S  Y  D  C  S  U  H  W  A  H  F  J  D  V
D  K  A  E  I  U  E  F  A  T  E  C  P  I  N  G  X
E  B  L  S  N  B  Z  N  I  C  U  O  R  W  U  F  P
C  T  M  Q  G  X  U  Z  D  N  K  R  I  O  Y  L  K
P  F  M  E  S  S  A  G  E  S  H  A  E  L  W  Q  M
D  X  J  L  C  L  S  W  T  S  O  O  S  X  Q  N  N
J  Q  W  O  R  E  D  E  E  M  R  I  T  G  H  O  S
H  O  N  O  O  U  C  K  U  A  N  G  E  L  S  C  Z
B  Q  J  D  L  B  L  A  M  P  S  T  A  N  D  D  F
H  B  R  O  L  I  V  E  T  R  E  E  S  I  T  U
D  B  S  H  E  P  H  E  R  D  L  F  W  X  P  V  V
```

BOWLS   RULER   HORSES   FUTURE   JOSHUA   LAMPSTAND

CROWNS   GOLDEN   LIGHT   MESSIAH   ANGELS   PEACE

MESSAGES   HORNS   HIGH PRIEST   SHEPHERD

REDEEM   FLYING SCROLL   OLIVE TREES

# MALACHI

Malachi is another prophet who predicted that the Messiah would come.

```
Q  W  V  G  E  N  E  R  A  T  I  O  N  S  N  S  Z
Z  O  F  E  I  F  E  H  P  L  B  F  A  E  D  T  G
D  R  A  Z  B  L  Q  H  I  L  H  F  Z  P  V  O  T
Q  S  T  A  B  R  E  M  E  M  B  E  R  G  J  R  D
R  H  H  D  P  J  R  H  E  S  C  R  O  L  L  E  Z
B  I  E  W  I  S  A  C  R  I  F  I  C  E  S  H  A
H  P  R  I  E  S  T  S  P  J  O  N  H  H  Y  O  K
L  V  S  N  K  A  O  O  E  O  R  G  E  O  T  U  K
L  R  P  D  K  U  Q  B  L  E  S  S  I  N  G  S  A
L  R  U  O  I  U  G  R  E  E  F  I  D  O  T  E  R
P  B  N  W  U  F  O  F  H  D  W  J  P  R  M  B  S
N  R  E  S  P  E  C  T  O  U  I  N  A  K  L  X  V
T  N  W  H  Q  D  I  M  E  S  S  E  N  G  E  R  B
D  I  I  W  K  T  Z  P  S  W  H  R  N  L  A  E  Y
G  L  Z  P  B  V  G  M  D  V  W  F  W  T  W  N  R
```

HONOR   FATHERS   HEARTS   SCROLL   RESPECT   BLESSING

OFFERINGS   MESSENGER   PRIESTS   WORSHIP

WINDOWS   SACRIFICES   REMEMBER   STOREHOUSE

GENERATIONS   DISOBEDIENT   TITHES

# MATTHEW

Did you know that Matthew was a tax collector for the Romans before he followed Jesus?

```
N J V E W D I Z P X C K G I J X
I H E T R O D F H G L O A V E S
L O J H R Z R P A R A B L E S B
V Y Y J E M M A N U E L E G U F
J D H E A L I N G P F T N A S U
Q S M Y G Y C R O S S I F N C T
K E N X K P Z R A Y H Y L J A K
K Y Y C Z J O Y X C L H M V R S
V W J K B L O C A N L U W H P E
U P H A R I S E E S F E T E E R
X H V P L F T I O Z I E S Y N M
V B E A T I T U D E S Z T U T O
M T G L O T C I N X H E A V E N
Z V I W E B V E Q K A P R P R S
```

JESUS   LOAVES   FISH   HEAVEN   MIRACLES   STAR

HEALING   CROSS   SERMON   BEATITUDES   TEACHINGS

PARABLES   EMMANUEL   PHARISEES   CARPENTER

# MARK

Mark is the second of the four gospels in the Bible.

```
G  U  Z  P  U  O  E  Q  D  R  Y  S  Y  Z  J  T  G
I  G  V  M  P  K  B  A  R  T  I  M  A  E  U  S  O
D  J  X  T  U  C  A  U  T  H  O  R  I  T  Y  M  I
G  P  T  G  O  S  P  E  L  W  C  X  S  E  L  I  B
H  A  G  F  I  G  T  R  E  E  T  G  P  E  I  S  H
Q  B  N  A  K  U  I  A  J  Q  C  R  O  W  D  S  W
F  V  F  W  I  V  S  C  R  H  R  S  X  B  E  I  W
W  B  R  G  N  O  M  U  H  D  O  Z  T  U  I  O  Q
I  O  F  A  G  C  O  M  P  A  S  S  I  O  N  N  P
M  W  I  L  D  E  R  N  E  S  S  E  L  H  R  S  O
Z  N  L  I  O  B  M  S  C  R  I  B  E  S  J  M  F
E  M  X  L  M  Z  V  T  E  M  P  T  E  D  E  K  S
I  M  F  E  Z  M  S  T  V  O  H  G  X  H  A  H  I
Q  A  S  E  R  V  A  N  T  F  N  F  I  K  A  F  F
P  D  N  W  I  V  D  D  X  D  G  M  U  Z  V  E  Z
```

FIG TREE   GOSPEL   CROSS   STORMS   CROWDS   TEMPTED

KINGDOM   BAPTISM   SERVANT   MISSION   GALILEE

COMPASSION   AUTHORITY   WILDERNESS

BARTIMAEUS   MUSTARD SEED   SCRIBES

# LUKE

Did you know that Luke was a doctor?

```
S G O O D S A M A R I T A N Z E Y
H C M K F A M K V M M O P R Y I M
K N M B L C D M T L A V J O Y C N
R J M Z P Z I A Q Y R K E M O T X
X S A C R G S B A C F Z S C A I L
R X R W O A C A B Q U A U A Q R I
H V T D D P I O P E R C S H O K Y
V A H Y I R P S D H T C O I K J N
J A A N G E L S T W E H V L I X I
B D Q Y A A E B P O D A L P P S X
Z R L J L C S U V G S E V E I I M
Y S H E P H E R D S T U I E H M P
Q F O R G I V E N E S S C K N E Z
W M W M F N G O N R L U K K P O M
O Y M K W G A L I L E E Y R Y N A
```

SAVIOR   JESUS   HEAVEN   ANGELS   JOY   MARTHA

MARY   DISCIPLES   GALILEE   SHEPHERDS   SIMEON

PREACHING   PRODIGAL   GOOD SAMARITAN

FORGIVENESS   ZACCHAEUS   BETHLEHEM

# JOHN

One of the most famous stories in this book is of Jesus turning water into wine.

```
P L D K U F W T C E A T E W G N T
I T E U F K C Y V T C B R T V I I
X I H U L G J O C I T G E Z M C X
Y Z N H P K L A Z A R U S L W O Y
L I Z G O P I O O M U H U U I D M
M K I A K O V V R T T S R Z N E T
N D N J W G I H W Y H G R S E M F
W U J I A D N H N I R U E H S U F
D O Q T T P G E W O L S C E O S X
L F Y E E M W X H H S B T P Y R D
C E T E R N A L L I F E I H E T X
F S P I R I T D I Z A T O E P Y N
T T C L I U E D G G M X N R Y J J
V T M K W O R D H N C I Q D Y P M
Z C Q F O P W R T P V Z Q T D F W
```

WATER   WINE   LIGHT   LAZARUS   WORD   LOVE   TRUTH

VINE   GLORY   SHEPHERD   SPIRIT   BELIEF   RESURRECTION

ETERNAL LIFE   I AM   LIVING WATER   NICODEMUS

# ACTS

*Acts* tells us about the miracles and adventures of the apostles.

```
B U P U B N Q W E Q D N K T S D X
H K U H T A N N W Q D P O L I Z C
I A M F V W U X N P A U L Y Q S B
K C K M M I R A C L E S L J D M R
S H G E N T I L E S H T A T B C H
E U X N H N P E U J O I E U O K S
R R P O W E R R L Q A X B R L U V
J C M I S S I O N A R I E S D U M
M H O L Y S P I R I T G L Q D F I
W H K B G K Y Q B A P T I Z E W J
F I L X M C A P O S T L E S Z U U
S R V U X M K H U S R X V D K W Y
G X J L G S U U P E N T E C O S T
O O M Y W A J G V J M Q R A N M P
W D E Y C O R N E L I U S F L C Y
```

CHURCH   PETER   BOLD   PAUL   MIRACLES   POWER   BAPTIZE

APOSTLES   SAUL   PENTECOST   JAIL   HOLY SPIRIT   BELIEVERS

GENTILES   WITNESS   CORNELIUS   MISSIONARIES

# ROMANS

This is a letter from Paul to Jesus' followers
who lived in Rome.

```
I  C  G  T  R  A  N  S  F  O  R  M  E  H  F  A
O  Q  Z  T  D  I  O  R  G  A  J  F  Q  G  G  U
Q  I  N  O  J  U  S  T  I  F  I  E  D  T  O  S
X  Z  K  B  Z  O  V  G  G  L  L  T  I  K  S  M
H  C  O  W  A  E  K  K  H  K  F  J  H  O  P  E
T  O  S  E  P  H  F  G  O  D  S  L  O  V  E  R
V  O  N  P  E  H  F  R  E  E  D  O  M  B  L  C
E  P  Z  S  A  L  V  A  T  I  O  N  E  H  C  Y
I  G  Y  I  C  E  J  C  Z  I  E  G  T  I  J  D
I  K  N  N  E  T  U  E  B  I  L  W  R  Y  A  P
T  X  R  U  N  T  S  L  S  E  F  C  E  B  Z  K
T  F  N  Y  N  E  X  M  K  U  E  E  U  G  C  G
N  I  Q  D  H  R  Q  E  C  R  S  J  S  A  X  E
X  F  F  L  V  Q  P  G  J  S  L  D  D  J  S  M
```

LETTER   GOSPEL   FAITH   GRACE   HOPE   MERCY

SIN   PEACE   JESUS   FREEDOM   SALVATION

GOD'S LOVE   LIFE   TRANSFORM   JUSTIFIED

# 1 CORINTHIANS

Corinthians were people who lived in a big city in Greece called *Corinth*.

```
J  R  A  Y  R  A  I  W  D  N  W  L  G  V  N  F
P  A  T  I  E  N  C  E  R  C  H  W  P  H  Y  I
C  X  A  U  W  S  E  H  K  N  Q  G  T  Q  S  L
N  Y  R  A  Y  T  G  C  R  C  G  I  F  T  S
N  K  B  N  J  T  S  A  K  I  N  D  N  E  S  S
D  I  S  C  I  P  L  I  N  E  S  L  U  I  X  A
R  F  M  D  Z  D  J  U  R  Z  E  T  N  U  U  G
E  D  I  D  O  L  A  T  R  Y  Q  V  I  R  E  R
B  Z  U  X  H  R  S  E  R  V  A  N  T  S  L  O
Q  G  Q  B  U  E  D  P  Y  G  F  K  Y  N  M  W
B  L  H  L  O  D  U  E  I  U  D  T  H  C  I  I
H  O  L  I  N  E  S  S  R  R  Q  H  J  F  D  N
W  R  D  I  G  E  M  A  R  R  I  A  G  E  G  G
Y  Y  F  Y  T  M  Y  B  M  I  B  T  P  W  T  Z
```

UNITY   BODY   GIFTS   SPIRIT   ORDER   GROWING   STRENGTH

CHRIST   GLORY   REDEEM   HOLINESS   KINDNESS   SERVANTS

IDOLATRY   MARRIAGE   PATIENCE   DISCIPLINE

# 2 CORINTHIANS

Paul gives the Corinthians advice on the right
things to do and how to honor God.

```
T P D K Q G O I D O L A T R Y T F
T H X K J L D H V S X Q O J C Z U
Q V X G I F T S U P R V P T X B Q
M E J G U G C Z A I B F T L W V K
H O L I N E S S M R U R J T E Q Q
J T U E I I U M B I K D O Z J T Z
Z M R Q T O P P A T I E N C E J B
T T A F Y Y G L O R Y C J F K A X
S E R V A N T S J R R E W Z I V U
D I S C I P L I N E D I P L N T F
Z R B W F L N C L M I E A B D V D
V B O D Y P W J O W G K R G N V J
G R E D E E M E V M T D E W E F V
G K K J S U T L Z Y S R W O S A B
K Z L B O M U D H V C H R I S T A
```

PRAYER   TRUTH   COMFORT   STRONG   HOPEFUL   HEART

TREASURE   FORGIVENESS   WEAKNESS   TROUBLES

GENEROUS   BOASTING   MINISTRY   RENEWED

NEW CREATION   HUMILITY   CONFIDENCE

# GALATIANS

This book tells us that God accepts us
because we believe in Jesus.

```
J  P  V  U  K  R  R  A  B  G  C  D  U  C  Y  G  S
F  L  S  Y  X  H  V  A  T  J  O  E  Z  C  D  T  F
E  A  P  G  U  E  Z  S  E  T  J  A  U  P  T  N  P
A  R  I  E  H  I  I  N  U  Q  C  O  B  J  Y  M  Q
R  J  R  T  F  R  L  I  B  E  R  T  Y  H  Q  L  O
O  G  I  W  H  S  B  V  I  U  U  Y  F  G  X  V  E
B  K  T  C  G  Z  S  J  W  L  C  H  M  R  V  G  T
E  L  L  I  J  U  S  T  I  F  I  E  D  V  O  T  E
E  E  E  Y  E  I  E  Q  I  A  F  Z  S  W  L  V  M
C  I  D  S  W  S  G  L  J  B  I  M  X  T  Z  H  B
P  A  U  C  S  P  D  M  F  R  E  E  D  O  M  C  Q
M  G  E  N  T  I  L  E  S  A  D  T  R  Z  L  Y  V
C  A  X  T  L  R  N  B  W  H  I  E  L  Y  X  L  B
V  K  F  R  U  I  T  G  F  A  D  O  P  T  E  D  X
X  S  D  V  G  T  P  R  O  M  I  S  E  V  G  T  U
```

FRUIT   FAITH   SPIRIT   JOY   ADOPTED   HEIRS   FREEDOM

PROMISE   JEWS   GENTILES   ABRAHAM   CHRIST   LIBERTY

JUSTIFIED   BLESSING   SPIRIT-LED   CRUCIFIED

# EPHESIANS

This book tells us about how much God loves us even when we make mistakes.

```
L  S  N  D  Z  J  K  L  J  R  D  W  W  F  C  I
K  O  N  D  G  J  T  T  J  H  A  M  E  U  E  X
G  G  F  I  T  M  T  L  P  H  C  R  D  L  L  N
W  P  C  P  M  W  F  A  T  Z  C  Y  P  L  R  R
Z  O  E  V  Y  Z  C  H  U  R  C  H  W  N  O  G
H  W  H  L  S  L  X  R  N  I  V  Q  O  E  O  C
X  E  E  W  T  D  S  Q  I  V  K  X  X  S  T  I
G  R  A  C  E  B  L  E  S  S  I  N  G  S  E  Y
X  M  V  G  R  H  O  U  S  E  H  O  L  D  N
T  U  E  C  Y  N  P  P  Q  K  W  K  R  B  Z  Q
E  P  N  G  A  P  Y  V  D  V  A  R  M  O  R  X
A  Q  L  I  G  H  T  I  K  L  O  V  E  D  B  Z
X  J  O  Z  T  Q  L  T  G  I  B  N  H  Y  M  G
H  Z  I  E  G  Y  I  Q  H  J  Y  Q  D  L  W  B
```

GRACE   BODY   CHURCH   ARMOR   UNITY   LIGHT

CHOSEN   LOVED   ROOTED   POWER   HEAVEN   MYSTERY

HOUSEHOLD   FULLNESS   BLESSINGS

# PHILIPPIANS

People who lived in the Greek city of Philippi
were called "Philippians".

```
Z  F  G  N  W  M  N  X  L  Q  R  W  P  X  U  S  J
S  T  Z  D  O  X  T  K  Y  Q  W  Y  P  T  N  N  P
E  L  H  U  C  A  H  O  U  E  S  Z  A  H  X  Q  C
F  U  N  V  F  G  C  E  N  C  O  U  R  A  G  E  X
K  I  C  O  N  F  I  D  E  N  C  E  T  N  N  D  Y
W  R  Z  X  D  C  R  D  Q  A  Q  X  N  K  J  L  E
F  Y  W  X  S  A  C  R  I  F  I  C  E  S  V  T  V
K  B  L  S  H  U  I  B  S  O  X  E  R  M  O  X  J
R  D  F  C  U  W  N  U  Y  T  Z  L  S  P  U  W  M
U  B  X  O  C  H  R  I  S  T  R  L  O  R  D  Y  N
K  R  J  N  C  M  M  A  T  U  R  E  P  N  F  V  U
P  O  A  T  T  I  T  U  D  E  S  N  N  O  B  L  C
N  P  R  E  S  S  O  N  C  T  D  C  B  G  O  A  L
B  A  V  N  V  V  G  P  R  A  Y  E  R  P  T  F  M
G  C  I  T  I  Z  E  N  S  E  P  J  B  X  N  H  G
```

GOAL   LORD   CONTENT   CHRIST   THANKS

UNITED   PRESS ON   PRAYER   MATURE   STRENGTH

ATTITUDE   PARTNERS   CITIZENS   SACRIFICE

CONFIDENCE   EXCELLENCE   ENCOURAGE

# COLOSSIANS

Paul reminds the followers of Jesus in Colossae
that God is greater than everything and everyone.

```
E X H A R D X H D E J I K R N Z T
J U F A M I L Y O F U C W E O A Z
W S G O J S L R S N H A E Y K T
Q R D Y C N M E A U T H O R I T Y
O O Y L E U Y H O L I N E S S I H
Y O N V V J S U O L W D D Y H L K
H T A X A Q T T B Y A S S G A I Q
P E U S A V E D E B M U T G D J M
H D R A K J R E D E M P T I O N Z
L E V I J S Y H I V Q R X B W Z Z
I S C I T L P Y E S N E W Y O U C
Z H X A I A I S N A Q M U Q X A A
X P L X P I G W C P V E L P Q V S
C O M P L E T E E T Q E X X W C R
H A D G T R A D I T I O N S V A J
```

SAVED   FOCUS   FAMILY   NEW YOU   HEAVEN

MYSTERY   SHADOW   COMPLETE   ROOTED   SUPREME

HOLINESS   HEAVENLY   OBEDIENCE   TRADITIONS

REDEMPTION   AUTHORITY   HERITAGE

# 1 THESSALONIANS

This letter from Paul tells us about the future of the church and Jesus' second coming.

```
Y  J  E  Y  R  B  J  N  T  F  L  D  E  B  G  P
V  E  I  R  G  O  W  L  S  Y  P  R  A  Y  E  E
O  N  D  J  F  R  R  A  B  D  N  C  E  E  C  A
M  C  K  V  W  F  A  I  T  H  F  U  L  F  O  C
Q  O  S  P  I  Z  T  P  H  V  J  S  A  L  M  E
X  U  P  N  S  K  H  E  T  K  R  E  Y  F  F  F
K  R  I  P  V  H  L  W  J  U  M  Q  R  I  O  U
Z  A  R  S  R  P  R  A  Y  E  R  F  U  L  R  L
L  G  I  Z  M  B  L  A  M  E  L  E  S  S  T  D
A  E  T  A  Q  F  O  M  P  A  T  I  E  N  C  E
K  M  X  D  F  C  V  Y  I  N  J  S  D  K  Z  O
E  E  K  P  U  R  E  H  J  I  T  Z  N  R  D  A
B  N  T  G  C  S  H  B  R  O  T  H  E  R  L  Y
J  T  B  Z  L  U  H  J  T  J  N  V  C  X  O  X
```

PURE   PRAY   SPIRIT   FAITHFUL   LOVE   EXAMPLE   PEACEFUL

SLEEP   RAPTURE   BROTHERLY   COMFORT   PATIENCE   WRATH

ENCOURAGEMENT   BLAMELESS   PRAYERFUL

# 2 THESSALONIANS

Did you know that Thessalonica was another
city in ancient Greece?

```
W  I  C  K  E  D  N  E  S  S  M  T  U  D  G  M  N
D  P  Y  M  N  F  E  B  V  R  U  A  R  R  B  J  U
U  E  L  A  W  L  E  S  S  S  L  I  P  L  Y  H  O
W  M  T  M  W  A  I  T  I  N  G  G  I  H  N  N  L
Y  S  R  E  N  D  U  R  E  G  A  M  D  T  Y  I  C
B  M  I  I  R  Q  U  F  J  D  N  Y  Z  E  L  V  E
X  S  A  R  Q  N  X  J  U  S  O  S  V  R  P  J  N
N  G  L  O  R  Y  A  I  D  L  E  I  D  E  G  C  I
H  R  S  Y  M  Z  M  L  G  K  E  M  C  T  Z  Y  C
G  J  H  I  V  S  I  N  M  C  G  N  J  U  W  F  K
F  U  J  U  S  T  I  C  E  N  E  R  Z  R  V  M  N
C  U  Q  I  M  I  E  D  N  I  K  H  F  N  R  Z  G
L  E  R  E  V  E  L  A  T  I  O  N  I  B  R  V  U
S  V  V  E  N  G  E  A  N  C  E  Y  L  L  N  G  F
Z  S  N  E  L  O  P  D  O  Q  Z  I  J  E  D  Y  E
```

TRIALS   IDLE   GLORY   STAND   JUSTICE

SIGNS   RETURN   ETERNAL   WAITING   LAWLESS

ENDURE   DECEIVE   JUDGMENT   PATIENCE

WICKEDNESS   VENGEANCE   REVELATION

# 1 TIMOTHY

Paul trained Timothy in how to be a good leader of the church in Ephesus.

```
Y O U N G N Z L F L Z J W H I H V
J Z W G J P E D M O N E Y U W Z V
R S D S H P H O N O R W P M V V B
J E I P D R S C G P D T S I F R Q
A O P N I A Z T U L N E X L Q E O
G E K Y C Y I R A U W A S I W S T
Y O L O K E O I B D H C X T Q P T
W E D D A R R N T X V H Z Y G E Y
H C V L E A D E R S H I P M S C N
K B X E Y R M Y G H I N C E W T K
G E N E R O S I T Y W G T E Q G M
N H K J A P J X M I N I S T R Y W
R L S K N U R E S P O N S I B L E
A A L D I Q W V Z T R A I N I N G
K M N H P X D I Z M T U L G J M V
```

GODLY   ADVICE   ELDERS   YOUNG   HONOR   MONEY

MODEST   TRAINING   RESPECT   TEACHING   SINCERE   PRAYER

HUMILITY   MINISTRY   MEETING   DOCTRINE

LEADERSHIP   GENEROSITY   RESPONSIBLE

# 2 TIMOTHY

Timothy was probably a teenager when
he first met Paul.

```
L A R O N T T F J J A O H R E B L
M Q V A S S U R A N C E M U S Z G
A A K E U A X H F Z N M Z Q Y S P
C H A R D S H I P E O Z C R A H R
X A T E A C H M L E G A C Y A C K
T A R N K N N I B I R L T J I E R
C U U D N R Y G J Q B S D A D J S
A D T U M E F C X V O C E E W C O
T F H R E S O L V E L R Y V G L L
W I S E F C G U A R D I G B E W D
C G F T I U V P P M N P D M N R I
U H D E F E N S E S E T U P A G E
E T N F P F O Y E L S U B Y D O R
C T Z I U A U K B E S R N W Z K H
K D I E Y Z H R B M Q E N H O W T
```

FLAME   TEACH   WISE   FIGHT   RESCUE   GUARD

ENDURE   SOLDIER   TRUTH   LEGACY   TRUST

DEFENSE   HARDSHIP   RESOLVE   ASSURANCE

SCRIPTURE   BOLDNESS   PERSEVERE

# TITUS

This book is a letter from Paul to his trainee Titus.

```
J  K  O  S  E  K  T  F  H  G  L  X  Z  J  M  C  D
U  G  T  O  H  Y  E  L  H  O  T  B  L  Z  W  S  I
A  P  E  L  D  E  R  S  B  A  O  E  E  C  E  S  S
C  W  A  E  S  W  V  O  M  Q  V  T  S  A  H  R  C
G  K  C  A  E  E  Y  U  A  G  D  K  J  I  G  L  I
N  C  H  D  L  L  H  N  P  U  R  I  T  Y  D  X  P
J  O  I  Y  F  X  Q  D  D  K  T  O  W  I  E  P  L
M  R  N  B  C  D  G  R  H  W  K  H  J  I  V  R  I
W  R  G  O  O  D  W  O  R  K  S  Q  O  X  O  B  N
R  E  U  K  N  V  L  I  K  I  Z  F  T  R  T  L  E
U  C  R  E  T  A  N  S  I  N  T  E  G  R  I  T  Y
U  T  J  E  R  G  R  O  V  D  I  U  A  B  O  T  H
C  I  Q  Z  O  O  C  B  Y  M  O  D  E  L  N  G  Y
N  O  I  Z  L  P  M  E  A  X  H  C  W  K  U  X
M  N  M  G  C  Q  C  S  E  N  S  I  B  L  E  A  I
```

ZEAL   SOUND   LEAD   ELDERS   PURITY   MODEL

INTEGRITY   TEACHING   KIND   SENSIBLE   DEVOTION

CRETANS   AUTHORITY   GOOD WORKS

SELF-CONTROL   DISCIPLINE   CORRECTION

# PHILEMON

Paul wrote a letter to Philemon, encouraging
him to forgive others.

```
H N E Q T H O S P I T A L I T Y J
Z L R O S P C X Q D U C P C R P F
H X J L Q T X C D E B T F P R V U
T C M D J W T K V P C S E G E J D
Y E C H F O R G I V E B S R F A H
K Y A P A R U V E N D P B J U M L
S Y V A M K S L M T D Y M O G W A
B O F N I E T P A R T N E R E M R
P A M S L R D M I D F R E E D O M
L N O U Y Q M C O M P A S S I O N
M Q V P T Q E C D R E F R E S H R
V H T P F S O X Z B P Q R Y L I Z
P B R O T H E R L M W Z Z F H A C
F F H R E L A T I O N S H I P X A
L I Z T U T S X T U F M M Z A U N
```

DEBT   APPEAL   TRUST   ACT   FAMILY   KINDNESS

FREEDOM   SUPPORT   FORGIVE   REFRESH

WORKER   PARTNER   BROTHER   REFUGE

RELATIONSHIP   COMPASSION   HOSPITALITY

# HEBREWS

Hebrews were Israelites who lived long ago after
Jesus had already left Earth.

```
R  E  O  T  G  G  Q  R  G  W  Q  W  E  A  E  H  Q
T  U  S  G  T  N  R  I  B  S  W  X  P  F  T  R  H
J  X  U  H  I  G  H  P  R  I  E  S  T  D  P  L  O
H  H  L  S  F  V  C  O  V  E  N  A  N  T  E  A  L
J  A  A  S  E  Y  C  W  K  N  X  C  R  W  R  U  Y
L  F  O  P  R  O  M  I  S  E  S  R  T  S  F  T  Q
R  W  E  V  C  H  J  E  F  L  A  I  M  H  E  H  O
N  R  A  N  C  H  O  R  R  Z  L  F  T  A  C  A  R
D  T  R  C  X  H  V  L  Z  D  V  I  H  D  T  A  C
T  R  Z  P  E  E  E  E  D  X  A  C  J  O  A  S  R
J  C  Z  G  J  Z  F  L  E  F  T  E  W  W  P  F  Z
Z  O  Z  X  R  Z  C  O  N  F  I  D  E  N  C  E  D
F  W  F  J  M  E  D  I  A  T  O  R  T  Q  C  E  P
Y  N  M  V  W  U  A  U  T  Y  N  L  M  A  O  L  E
W  P  E  B  O  X  W  T  B  Z  P  P  R  U  N  F  G
```

RUN   RACE   GREAT   PERFECT   FEEL   HOLY

ANCHOR   SHADOW   PROMISES   SACRIFICE

FAITHFUL   MEDIATOR   HOLD FIRM   COVENANT

HIGH PRIEST   CONFIDENCE   SALVATION

# JAMES

This book tells us about being wise and having self-control.

```
Q G P E A C E M A K E R W K R W X
H V J R H Z M T G J Z G Z O R G C
S U F F E R I N G S C T Y Y R Z X
O L J L Y N I T W W I S D O M K T
J H I L R T P Z C Q U A R R E L S
X F E S S F T E I O A U Q T A M E
N C U A T Z Y D R Q T X X E K H Z
F J O M L E S E W Q Q U I M C H A
V B F R I E N D S H I P X P O E U
R R W U S E R X V S T A Y T P S S
S I T R G P U X Z W H T L A L L K
D D O U B T P W F A N I Z T A D G
C L P D G N M R I C H E S I H H N
T E Z Y A X C P A K S N R O F X X
S W I G M Q W S V Y F T O N G U E
```

LISTEN  WORKS  PRAY  TAME  WISDOM  DOUBT

PATIENT  HEALER  RICHES  TRIALS  BRIDLE  TONGUE

GENEROUS  BOASTING  FRIENDSHIP  SUFFERING

QUARRELS  PEACEMAKER  TEMPTATION

# 1 PETER

Peter encouraged Jesus' followers not to give up even though they were being mistreated.

```
A H Z E B E F Q R Z G N Q N K O C
D Z S B T F H Z R E H I R U D Q C
T E T C O R N E R S T O N E Z A C
C R R H W I O Z E T F Q N B Q N C
O O A O J C N C S C V V Z O Z G O
N X N S V G O S P E L O V R R E V
P O G E C A L L E D I G E N T L E
I U E N F E T M C N V H L A R S R
K G R Q M I U L T B I B I G I A S
B T S I C L E A D Z N A Q A A I E
E C S U F F E R I N G P D I L E E
Y N A E F Y X M Y X H T Q N S B G
X S G L Q B K X R N O I W B L J N
F E D D J F I F H D P S L P G E W
D L S V O I W N Z H E M T E L R C
```

FIERY   GOSPEL   PURIFY   CALLED   GENTLE   CHOSEN

RESPECT   ANGELS   TRIALS   BAPTISM   HONOR

LIVING HOPE   BORN AGAIN   SUFFERING

OVERSEE   CORNERSTONE   STRANGERS

Jesus changed Simon's name to Cephas (Peter),
which means "rock".

```
J  M  V  E  J  J  J  K  R  D  H  L  M  B  C  B
Y  T  K  E  O  A  Y  M  E  S  G  O  D  L  Y  Q
L  M  B  H  P  V  Q  Y  T  C  R  Q  V  A  Q  Z
G  S  B  B  W  T  M  R  U  E  D  Q  I  M  Z  S
U  I  D  G  R  X  T  P  R  E  P  A  R  E  F  S
X  I  B  U  I  Q  M  J  N  K  L  H  T  L  T  D
D  A  Y  S  M  M  Y  B  T  S  G  Y  U  E  H  I
L  I  H  W  A  M  H  E  S  C  A  P  E  S  V  W
A  T  V  X  P  O  W  E  R  O  U  N  U  S  T  A
B  L  V  I  F  C  U  S  F  F  S  Z  Q  W  Q  H
P  E  M  G  N  K  L  O  X  F  A  L  S  E  T  Y
H  J  R  N  B  E  W  A  R  E  K  R  K  Z  P  R
S  Y  A  H  G  R  O  W  K  R  T  M  Q  F  P  X
K  L  E  L  A  S  T  O  K  P  K  N  C  G  W  G
```

DAYS   ESCAPE   FALSE   GROW   LAST   GODLY

POWER   DIVINE   VIRTUE   RETURN   MOCKERS

SCOFFER   BLAMELESS   BEWARE   PREPARE

# 1 JOHN

Did you know that John called himself " The disciple who Jesus loved"?

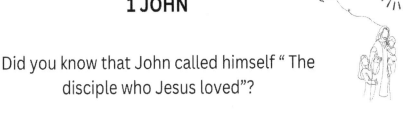

```
K K O V E R C O M E T E S T U K K
D P C F X S K P C R V U K W Q S W
L O L M F W A N O I N T I N G M
M V W Y E I V L L Y E T E R N A L
A W D S L M F W I T N E S S P L R
P X Y T L X Q C D O U B T U E I E
K K G Q O Z W I Y N T C I P R F J
B T C U W Q S U N T X G M Q F E T
Y O S N S D M V K R L O O B E F L
C R Y P H Q Y J Q H O D N V C H Y
G A N T I C H R I S T X Y H T R R
M A Z F P R X U K K G H E U L S P
F B P E Q C I O C Y W A R L O K L
R E G L I G H T X D A T T C V B F
G E W O G R C L P Y Y U J F E A R
```

TEST  SPIRIT  LOVE  LIGHT  ETERNAL  WITNESS  TRUTH

DOUBT  LIFE  PERFECT LOVE  OVERCOME  TESTIMONY  FEAR

SURE  ANTICHRIST  FELLOWSHIP  ANOINTING

# 2 JOHN

Did you know that John was the youngest apostle?

```
C  I  N  S  C  W  S  G  O  G  Z  N  U  C  M  Q
G  N  X  I  T  S  Z  H  O  T  J  Q  I  E  T  Q
Q  F  U  W  A  R  N  I  N  G  U  Y  X  G  Y  O
I  P  P  P  J  C  U  A  T  X  E  J  H  G  B  P
D  B  Y  Y  P  R  O  T  E  C  T  H  F  S  G  K
C  V  P  J  T  E  A  C  H  I  N  G  O  H  Z  H
N  S  A  O  I  Z  D  J  R  F  Q  R  L  M  J  C
X  K  Z  K  D  J  B  E  W  A  R  E  L  J  E  O
D  E  R  X  E  L  E  C  T  Z  H  E  O  F  I  M
Y  N  U  A  C  A  U  A  L  J  M  T  W  J  S  M
X  B  J  F  E  L  L  O  W  S  H  I  P  A  M  A
T  J  O  L  I  E  S  S  I  J  J  N  Z  C  R  N
L  G  Y  Z  V  E  U  Q  Q  S  S  G  J  Z  B  D
P  P  R  F  E  W  J  L  B  N  A  R  M  B  S  S
```

LIES   REWARD   HOME   TRUTH   ELECT   FOLLOW

JOY   PROTECT   BEWARE   GREETING   WARNING

DECEIVE   FELLOWSHIP   TEACHING   COMMANDS

# 3 JOHN

These three books by John are mainly about God's love, and loving God, and each other.

```
N S J K E K Z X S U P P O R T A Y
W I N H K Z A I T O H F W X R O R
Y C P R O S P E R W U E L K U P N
Q J F N W T K F A G R L L Y T K S
O T E S T I M O N Y O L C P H G U
X M H H Y O W S G P H O U V F U G
O S E A P R I D E K J W D J U O R
U R A A U T H O R I T Y E N L Z T
B E L I E V E R S J J M M F Z O R
I Y T Z C R Z T R P F B E Y Q Y C
F J H H E T S D D U U Y T U M I D
B U G D J T R U S T W O R T H Y Y
P T X S H O S P I T A L I T Y J P
X B O P P I Y V H E C X U V V Z F
V F I S F H I M E H R N S A N M M
```

SOUL    PRIDE    GOOD    FELLOW    HELP

TRUTHFUL    BELIEVERS    STRANGERS    PROSPER

HEALTH    JOY    AUTHORITY    SUPPORT    TESTIMONY

HOSPITALITY    DEMETRIUS    TRUSTWORTHY

# JUDE

Did you know that Jude was one of Jesus' brothers?

```
D X T A P K N R C F Y P S Z U T W
G V G V L U F E W M E R C Y U J W
K P Q T Z X I S K C F A L S E W R
U R F Y A U G C C H A I N S D C R
H A T U E E O U A S N S C O F F C
D X A Y R M M E R S R E B E L Z Y
L P M Z V R O R C E X F U M D A W
L A R B T D R B H O L I N E S S V
R U M A P M R C A G K F G Z Y Q V
Z M Z C Y J A R N S T R O N G D W
Q J V P R E H J G A S O D O M R Q
R C W H T V R P E X H D L Y X S K
L S Y P R E O X L S I R Y J Q H L
M V F U P O U O W C T J A J P R Y
K U K L F R X A A V D Y S I L M Q
```

SCOFF    FALSE    REBEL    STRONG    CHAINS    PRAISE    TEACHERS

MOCK    PRAYER    UNGODLY    RESCUE    MAJESTY    MERCY

ARCHANGEL    SODOM    GOMORRAH    HOLINESS

# REVELATION

John was banished to an island called "Patmos" where God gave him visions. These are the "Revelations".

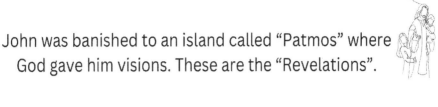

```
K M B O O M E G A V B Q Q F A U
O X O S D R A G O N V E F Q V H
E E W E B M R D J C N L A Q I I
V N L V V E T R U M P E T S T S
R I S E A L H H S R U R B J M U
I W A N T I C H R I S T F J K K
L W L X J F T N F O P O R L S J
Z A P M X E Z M A M N H U B Z Q
T S H C E L Z Y L N B E Y G K M
Y L A M B U M C F A G Q Q B C V
I K H I F K Y Z P D C E H E F C
U D L D N R N H U H A T L A B K
F F Z K B T U J L I N Y T S T D
U N M C J E S C G V Z J Q T C I
```

EARTH   LAMB   SEAL   SEVEN   BOWLS   TRUMPETS

ANGELS   JUDGE   THRONE   BEAST   DRAGON

ALPHA   OMEGA   SAINTS   ANTICHRIST

BONUS PUZZLE

# JESUS' NAMES

How many of Jesus' names and titles do you know?

```
X G V W H X H R A H C M U K G G P
P Z X K I N G H I M R E S A K D W
L A M B D L I O N K J S C L W Z N
W O B C Q I I T P D T S O M G U V
X A R G T G N F O Z D I U T P A E
R A Y D L H O G E M M A N U E L C
V X U L O T F P X Q X H S K T D Z
W K E G O O D S H E P H E R D V C
S W V U N R Q P W Z Q U L R L S Y
C N O O O X S Y S A V I O R A R E
X G S W I I U V T E X O R F V I Y
T S E G B G E B R I D E G R O O M
O H P Z C F F M U Q Q K Y S F U K
T R U E V I N E T N Z P L I V B U
T P P J Z J V H H W L U M C F U B
```

LORD   SON OF GOD   LAMB   WAY   TRUTH   LIFE

RABBI   DOOR   LION   SAVIOR   TRUE VINE   LIGHT

EMMANUEL   MESSIAH   THE WORD   BRIDEGROOM

GOOD SHEPHERD   KING   COUNSELOR

# WHAT I LEARNED

------------------------------------------------

------------------------------------------------

------------------------------------------------

------------------------------------------------

------------------------------------------------

------------------------------------------------

------------------------------------------------

------------------------------------------------

------------------------------------------------

------------------------------------------------

------------------------------------------------

------------------------------------------------

------------------------------------------------

------------------------------------------------

------------------------------------------------

------------------------------------------------

------------------------------------------------

## ANSWERS

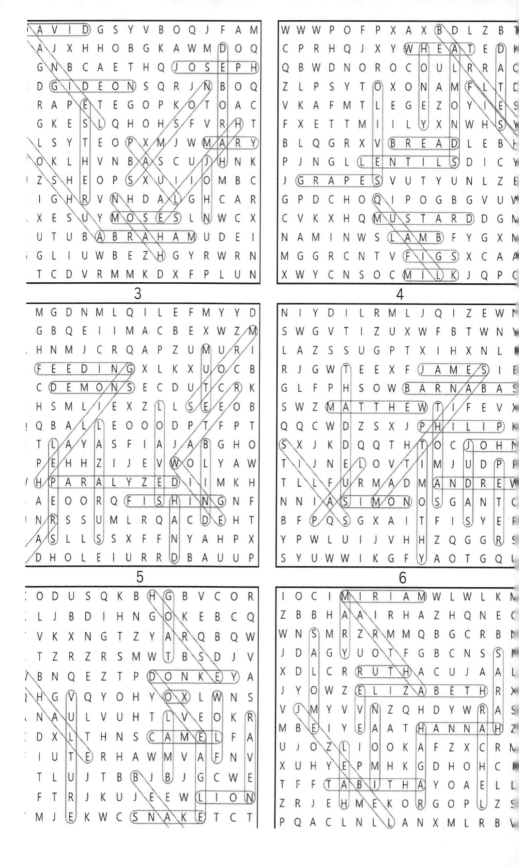

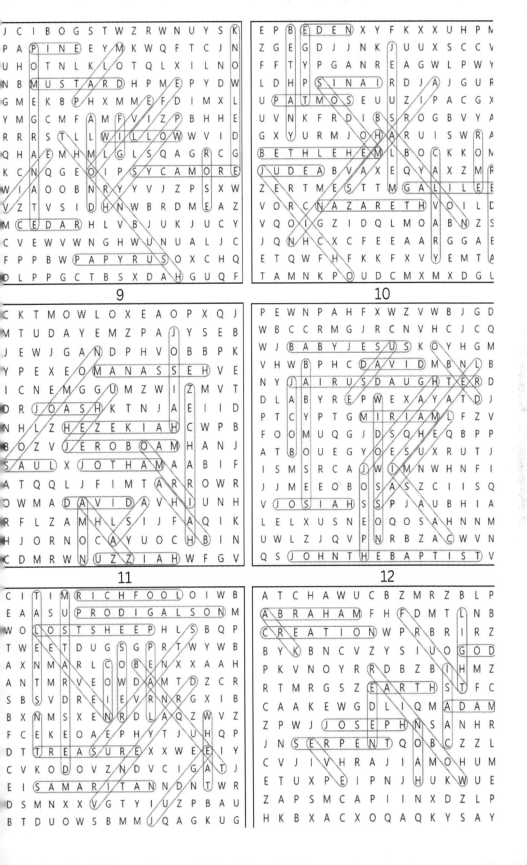

9

10

11

12

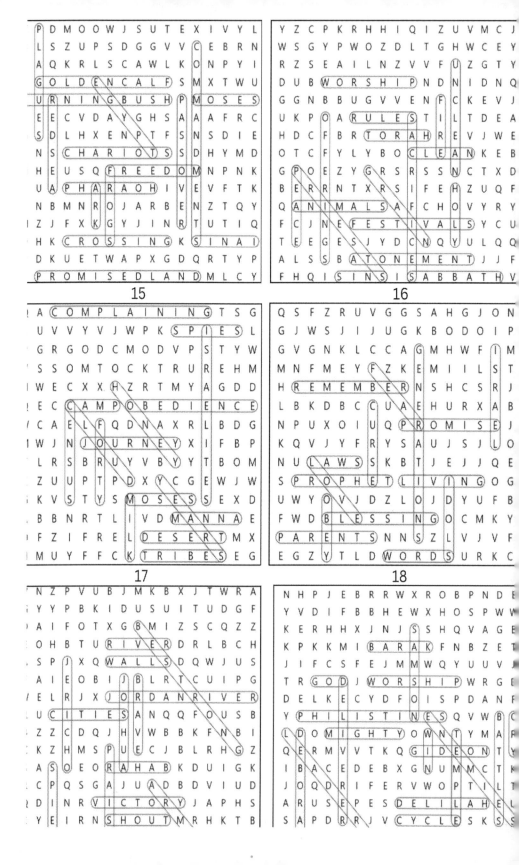

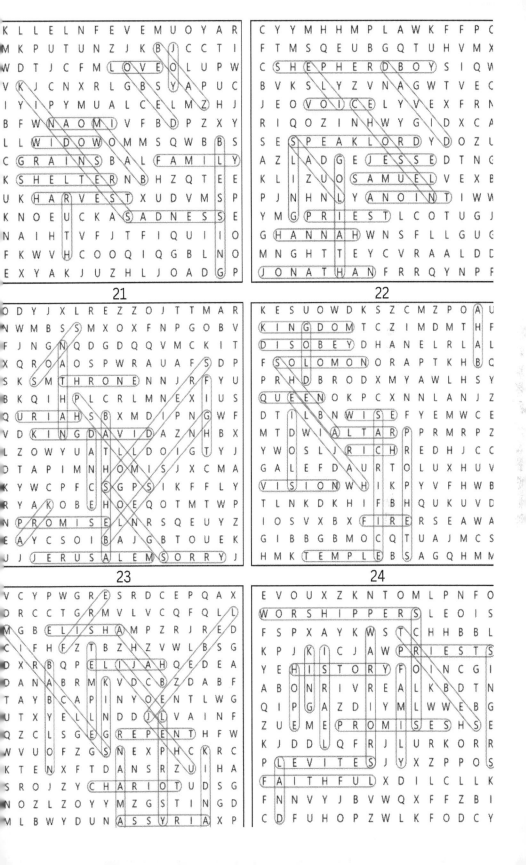

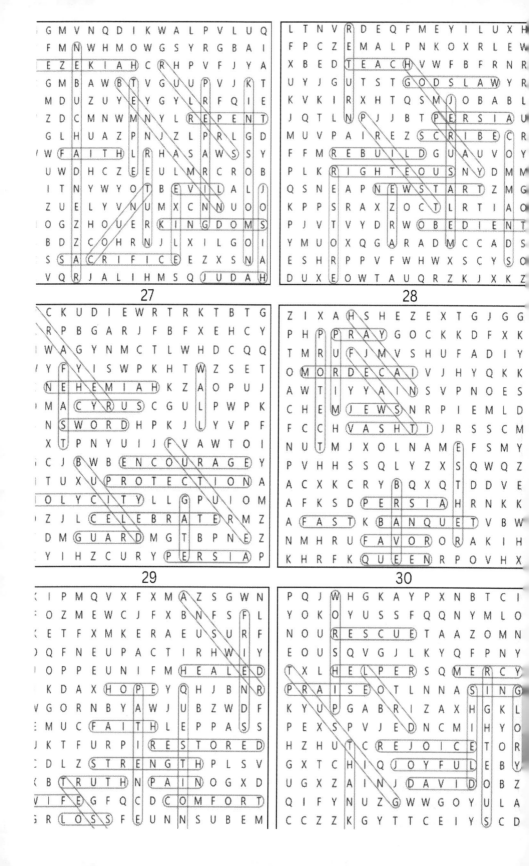

## 33

```
P N V C X T W G B H B D V A X I J
W S E I X Z D F O O L I S H I H Q
U V X B Y D A X D R E B U K E T C
W G I X R M R A Q W S W W O U U D
Z L C O Q J F N U H S Z I B I A I
J I I N S T R U C T I O N A V C S
T S H P H R I G H T N Z T L V K C
G T O N G U E M L H G R E T H X I
Y E N J H K N O W L E D G E U W P
D N E D Y I D N J P C Y R U M I L
J V S I M I A V T C H G I U I S I
I E T R I D Y F H E A R T C L D N
O C Y C Z T F W W T G G Y S I O E
W N M P X A D H W Z U R C M T M V
U N D E R S T A N D I N G Z Y H A
```
33

## 34

```
Y L C Q D B K D S H M J Y O E V T
V S D E Z B O H B Z W U K V O K R
I C P E W E K G V Z W P K M B N F
C V B E K Z Z J O J C C O C J O H
L X Z Q W E A L T H S O R R O W L
P R W R I X J P L I F E Z E E L S
X P X R R P U U K Z M I C A F E P
N C I R L S L R W I S E R T K D V
P P L Z J W M P P A F T S O P G L
F O L L Y M E O X R L E A R N E S
Q S E A S O N S N A H R J J B I P
A F X B H T M E A N I N G H M T I
B G J O Y P K O M T O I L T C A A
B P D R U U Z H E A R T U E K N G
G J Q U V H S T L H Z Y T W V K C
```
34

## 35

```
Y H U V H A A J V E F Z W K Z L N
V V V E B U B Y V Q S P I C E S O
Q X L J E Z O F L O V E S O N G Y
Z K L F T O Z X S O Z R B W Q T E
V Y W N S X L K L S Y F T W U X V
T N N K J P K M U D F U H R N U H
R H E A R T F I A V R M G R F B Z
B A U B H Q F F L O W E R S V B X
R P D H O I C J I W U F O O I J S
S P R I N G S O L S R D O S N X Y
R I B B E A U T Y R L W M D E B H
L N K R Y R H V J W P C I D Y P N
F E L I E D I K D M I Z Q O A K V
J S W D D E Z E J L U A G V R B R
Y S N E J N E N B E L O V E D D M
```
35

## 36

```
E O V V I M O J Y O X B Q T H I P
H V K I A I L D W S N Z J A A B P
M M E S S E N G E R G I P O I Z R
U S P R O P H E C I E S Z E W P O
W V S J L J J V I U C U P G A V P
D C S Y Q A U Y O Z Y N R W O C H
K K T Z P N S D N A T I O N S R E
C O V E N A N T G I C O M F O R T
E T P I D I E E I M B G I Y H E G
R I G H T E O U S N E S S L F D L
S A L V A T I O N Q G N E A E E T
L W O Q I Z D Z L I G H T Y B E I
S E R V A N T E O C X O R J N M K
U I Y U J Y S P O I Y P E I J E C
J Y X H D G H O L I N E S S J R A
```
36

```
X D Q F A I T H F U L N E S S Y Y
V N C A M Y Q G R P N Q H J A G M
S C F N O W E E P I N G Q U L P F
E O O V O F B D O Y B E R D X B E
V O R V R W C H T U B G E G A X D
W C E R E P E N T K P A N E J J Q
I H T L O N H H E A R T X M U N I
Q L E W T W A P R O M I S E S F W
K X L X W A R N I N G S W N T S O
E U L D I Y E Q T O H Y G T I V Q
P R K S N L N H E A L I N G C M H
F P F T L L E B A B Y L O N E U I
H S G L E O W B R O K E N W L I O
N J Q X Z Z H I S R A E L N Z W E
```

```
T D I I Z F R E Q T L B R F F E N
O W E P V C R G E A S C C N Z U H
C M J W V A Y F V C V S C B V T D
R L E X I L E L J R W R A T H P X
B Q N B S O R R O W G V P E Y C O
G M D G K D T V Q S S R T V F K A
T R U S T C O M P A S S I O N Z W
J E R U S A L E M O C E V E Z Y K
B P A D M O U R N I N G E S F E L
S U N R A C V C A C H W S I L R S
A I C A S R T Y N L F X B T N S Z
Z M E R C Y D D E X D S Y H C V S
A F H T D I O C C O M F O R T L M
Z P J S I N I B R N H K Y H H V A
```

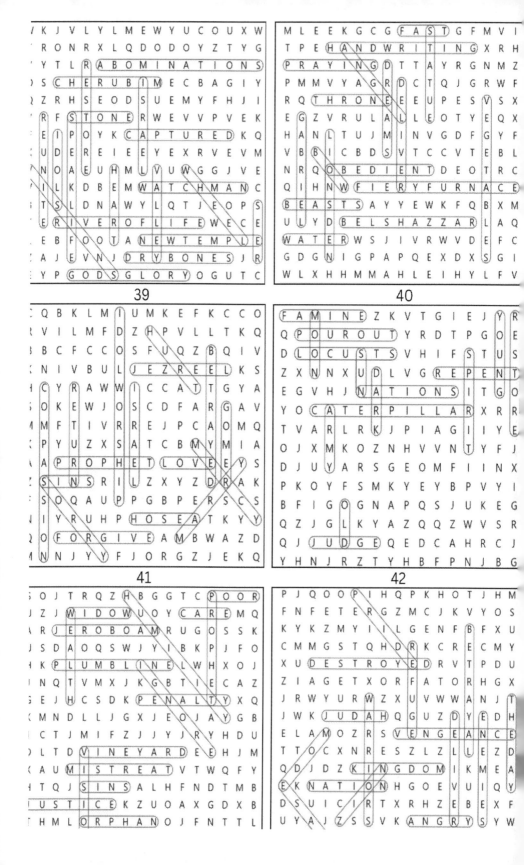

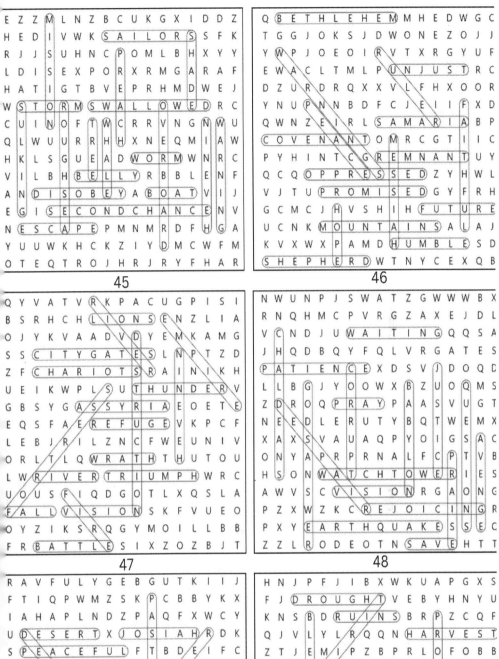

45

46

47

48

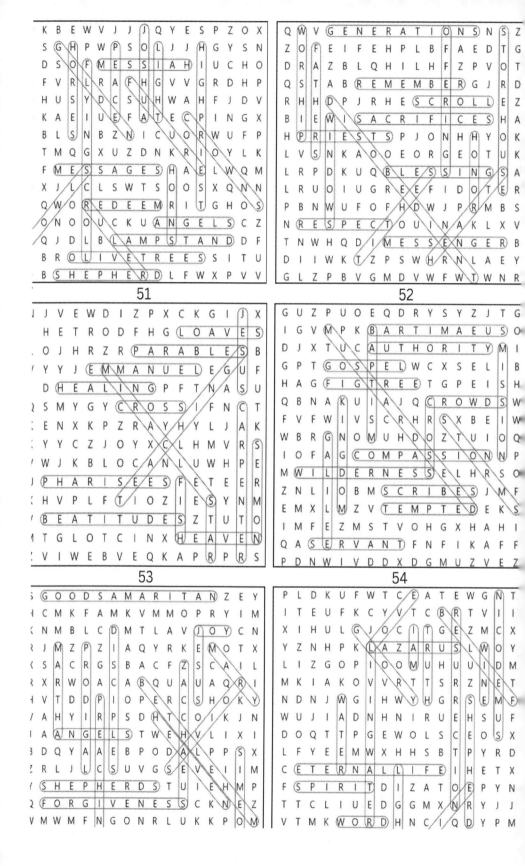

## 51

```
K B E W V J J J Q Y E S P Z O X
S G H P W P S O L J J H G Y S N
D S O F M E S S I A H I U C H O
F V R L R A F H G V V G R D H P
H U S Y D C S U H W A H F J D V
K A E I U E F A T E C P I N G X
B L S N B Z N I C U O R W U F P
T M Q G X U Z D N K R I O Y L K
F M E S S A G E S H A E L W Q M
X J L C L S W T S O O S X Q N N
Q W O R E D E E M R I T G H O S
O N O O U C K U A N G E L S C Z
Q J D L B L A M P S T A N D D F
B R O L I V E T R E E S S I T U
B S H E P H E R D L F W X P V V
```

## 52

```
Q W V G E N E R A T I O N S N S Z
Z O F E I F E H P L B F A E D T G
D R A Z B L Q H I L H F Z P V O T
Q S T A B R E M E M B E R G J R D
R H H D P J R H E S C R O L L E Z
B I E W I S A C R I F I C E S H A
H P R I E S T S P J O N H H Y O K
L V S N K A O O E O R G E O T U K
L R P D K U Q B L E S S I N G S A
L R U O I U G R E E F I D O T E R
P B N W U F O F H D W J P R M B S
N R E S P E C T O U I N A K L X V
T N W H Q D I M E S S E N G E R B
D I I W K T Z P S W H R N L A E Y
G L Z P B V G M D V W F W T W N R
```

## 53

```
I J V E W D I Z P X C K G I J X
H E T R O D F H G L O A V E S
O J H R Z R P A R A B L E S B
Y Y J E M M A N U E L E G U F
D H E A L I N G P F T N A S U
S M Y G Y C R O S S I F N C T
E N X K P Z R A Y H Y L J A K
Y Y C Z J O Y X C L H M V R S
W J K B L O C A N L U W H P E
P H A R I S E E S F E T E E R
H V P L F T I O Z I E S Y N M
B E A T I T U D E S Z T U T O
T G L O T C I N X H E A V E N
V I W E B V E Q K A P R P R S
```

## 54

```
G U Z P U O E Q D R Y S Y Z J T G
I G V M P K B A R T I M A E U S O
D J X T U C A U T H O R I T Y M I
G P T G O S P E L W C X S E L I B
H A G F I G T R E E T G P E I S H
Q B N A K U I A J Q C R O W D S W
F V F W I V S C R H R S X B E I W
W B R G N O M U H D O Z T U I O Q
I O F A G C O M P A S S I O N N P
M W I L D E R N E S S E L H R S O
Z N L I O B M S C R I B E S J M F
E M X L M Z V T E M P T E D E K S
I M F E Z M S T V O H G X H A H I
Q A S E R V A N T F N F I K A F F
P D N W I V D D X D G M U Z V E Z
```

## 53

```
G O O D S A M A R I T A N Z E Y
C M K F A M K V M M O P R Y I M
N M B L C D M T L A V J O Y C N
J M Z P Z I A Q Y R K E M O T X
S A C R G S B A C F Z S C A I L
X R W O A C A B Q U A U A Q R I
V T D D P I O P E R C S H O K Y
A H Y I R P S D H T C O I K J N
A A N G E L S T W E H V L I X I
D Q Y A A E B P O D A L P P S X
R L J L C S U V G S E V E I I M
S H E P H E R D S T U I E H M P
F O R G I V E N E S S C K N E Z
V M W M F N G O N R L U K K P O M
```

## 54

```
P L D K U F W T C E A T E W G N T
I T E U F K C Y V T C B R T V I I
X I H U L G J O C I T G E Z M C X
Y Z N H P K L A Z A R U S L W O Y
L I Z G O P I O O M U H U U I D M
M K I A K O V V R T T S R Z N E T
N D N J W G I H W Y H G R S E M F
W U J I A D N H N I R U E H S U F
D O Q T T P G E W O L S C E O S X
L F Y E E M W X H H S B T P Y R D
C E T E R N A L L I F E I H E T X
F S P I R I T D I Z A T O E P Y N
T T C L I U E D G G M X N R Y J J
V T M K W O R D H N C I Q D Y P M
```

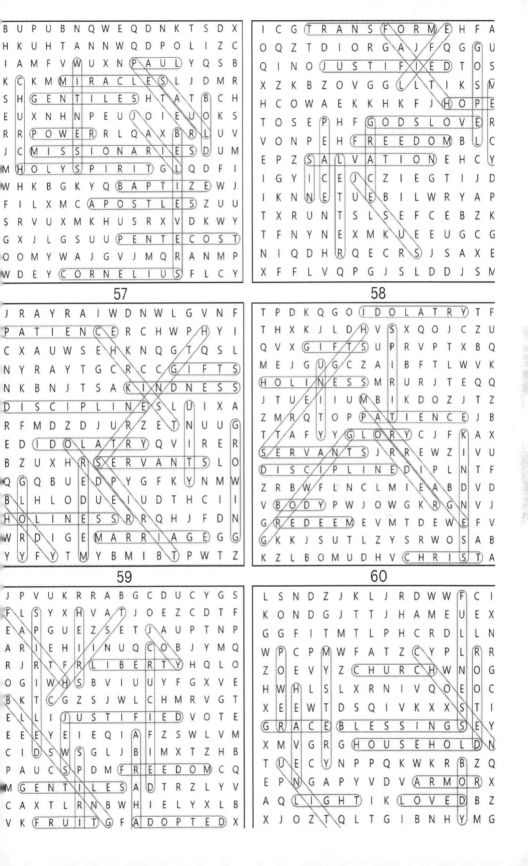

## 57

```
B U P U B N Q W E Q D N K T S D X
H K U H T A N N W Q D P O L I Z C
I A M F W U X N P A U L Y Q S B
K C K M M I R A C L E S L J D M R
S H G E N T I L E S H T A T B C H
E U X N H N P E U J O I E U O K S
R R P O W E R R L Q A X B R L U V
J C M I S S I O N A R I E S D U M
M H O L Y S P I R I T G L Q D F I
W H K B G K Y Q B A P T I Z E W J
F I L X M C A P O S T L E S Z U U
S R V U X M K H U S R X V D K W Y
G X J L G S U U P E N T E C O S T
O O M Y W A J G V J M Q R A N M P
W D E Y C O R N E L I U S F L C Y
```

## 58

```
I C G T R A N S F O R M E H F A
O Q Z T D I O R G A J F Q G G U
Q I N O J U S T I F I E D T O S
X Z K B Z O V G G L L T I K S M
H C O W A E K K H K F J H O P E
T O S E P H F G O D S L O V E R
V O N P E H F R E E D O M B L C
E P Z S A L V A T I O N E H C Y
I G Y I C E J C Z I E G T I J D
I K N N E T U E B I L W R Y A P
T X R U N T S L S E F C E B Z K
T F N Y N E X M K U E E U G C G
N I Q D H R Q E C R S J S A X E
X F F L V Q P G J S L D D J S M
```

## 59

```
J R A Y R A I W D N W L G V N F
P A T I E N C E R C H W P H Y I
C X A U W S E H K N Q G T Q S L
N Y R A Y T G C R C C G I F T S
N K B N J T S A K I N D N E S S
D I S C I P L I N E S L U I X A
R F M D Z D J U R Z E T N U U G
E D I D O L A T R Y Q V I R E R
B Z U X H R S E R V A N T S L O
Q G Q B U E D P Y G F K Y N M W
B L H L O D U E I U D T H C I I
H O L I N E S S R R Q H J F D N
W R D I G E M A R R I A G E G G
Y Y F Y T M Y B M I B T P W T Z
```

## 60

```
T P D K Q G O I D O L A T R Y T F
T H X K J L D H V S X Q O J C Z U
Q V X G I F T S U P R V P T X B Q
M E J G U G C Z A I B F T L W V K
H O L I N E S S M R U R J T E Q Q
J T U E I I U M B I K D O Z J T Z
Z M R Q T O P P A T I E N C E J B
T T A F Y Y G L O R Y C J F K A X
S E R V A N T S J R R E W Z I V U
D I S C I P L I N E D I P L N T F
Z R B W F L N C L M I E A B D V D
V B O D Y P W J O W G K R G N V J
G R E D E E M E V M T D E W E F V
G K K J S U T L Z Y S R W O S A B
K Z L B O M U D H V C H R I S T A
```

## 61

```
J P V U K R R A B G C D U C Y G S
F L S Y X H V A T J O E Z C D T F
E A P G U E Z S E T J A U P T N P
A R I E H I I N U Q C O B J Y M Q
R J R T F R L I B E R T Y H Q L O
O G I W H S B V I U U Y F G X V E
B K T C G Z S J W L C H M R V G T
E L L I J U S T I F I E D V O T E
E E E Y E I E Q I A F Z S W L V M
C I D S W S G L J B I M X T Z H B
P A U C S P D M F R E E D O M C Q
M G E N T I L E S A D T R Z L Y V
C A X T L R N B W H I E L Y X L B
V K F R U I T G F A D O P T E D X
```

## 62

```
L S N D Z J K L J R D W W F C I
K O N D G J T T J H A M E U E X
G G F I T M T L P H C R D L L N
W P C P M W F A T Z C Y P L R R
Z O E V Y Z C H U R C H W N O G
H W H L S L X R N I V Q O E O C
X E E W T D S Q I V K X X S T I
G R A C E B L E S S I N G S E Y
X M V G R G H O U S E H O L D N
T U E C U N P P Q K W K R B Z Q
E P N G A P Y V D V A R M O R X
A Q L I G H T I K L O V E D B Z
X J O Z T Q L T G I B N H Y M G
```

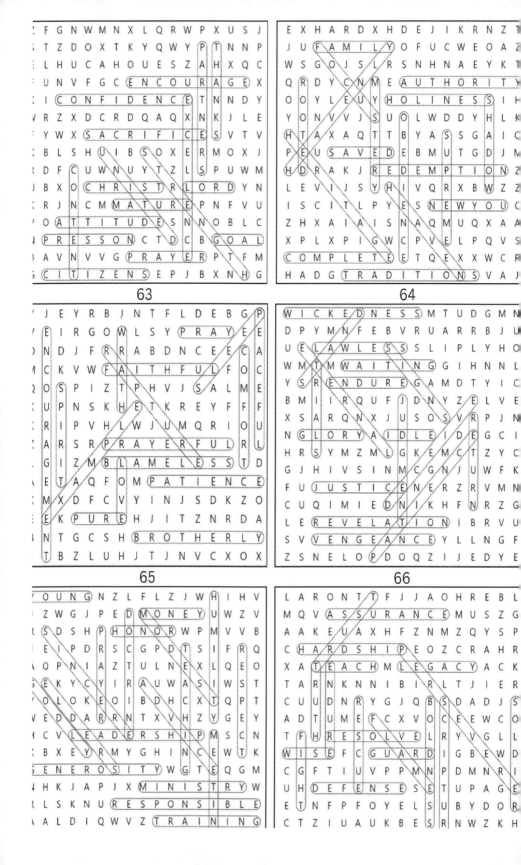

## 63

```
: F G N W M N X L Q R W P X U S J
: T Z D O X T K Y Q W Y P T N N P
: L H U C A H O U E S Z A H X Q C
: U N V F G C E N C O U R A G E X
: I C O N F I D E N C E T N N D Y
/ R Z X D C R D Q A Q X N K J L E
: Y W X S A C R I F I C E S V T V
: B L S H U I B S O X E R M O X J
: D F C U W N U Y T Z L S P U W M
: B X O C H R I S T R L O R D Y N
: R J N C M M A T U R E P N F V U
: O A T T I T U D E S N N O B L C
: P R E S S O N C T D C B G O A L
: A V N V V G P R A Y E R P T F M
: C I T I Z E N S E P J B X N H G
```

## 64

```
E X H A R D X H D E J I K R N Z T
J U F A M I L Y O F U C W E O A Z
W S G O J S L R S N H N A E Y K T
Q R D Y C N M E A U T H O R I T Y
O O Y L E U Y H O L I N E S S I H
Y O N V V J S U O L W D D Y H L K
H T A X A Q T T B Y A S S G A I C
P E U S A V E D E B M U T G D J M
H D R A K J R E D E M P T I O N Z
L E V I J S Y H I V Q R X B W Z Z
I S C I T L P Y E S N E W Y O U C
Z H X A I A I S N A Q M U Q X A A
X P L X P I G W C P V E L P Q V S
C O M P L E T E E T Q E X X W C R
H A D G T R A D I T I O N S V A J
```

## 65

```
: J E Y R B J N T F L D E B G P
/ E I R G O W L S Y P R A Y E E
) N D J F R R A B D N C E E C A
/ C K V W F A I T H F U L F O C
: O S P I Z T P H V J S A L M E
( U P N S K H E T K R E Y F F F
: R I P V H L W J U M Q R I O U
: A R S R P R A Y E R F U L R L
: G I Z M B L A M E L E S S T D
( E T A Q F O M P A T I E N C E
: M X D F C V Y I N J S D K Z O
: E K P U R E H J I T Z N R D A
: N T G C S H B R O T H E R L Y
: T B Z L U H J T J N V C X O X
```

## 66

```
W I C K E D N E S S M T U D G M N
D P Y M N F E B V R U A R R B J U
U E L A W L E S S S L I P L Y H O
W M T M W A I T I N G G I H N N L
Y S R E N D U R E G A M D T Y I C
B M I I R Q U F J D N Y Z E L V E
X S A R Q N X J U S O S V R P J N
N G L O R Y A I D L E I D E G C I
H R S Y M Z M L G K E M C T Z Y C
G J H I V S I N M C G N J U W F K
F U J U S T I C E N E R Z R V M N
C U Q I M I E D N I K H F N R Z G
L E R E V E L A T I O N I B R V U
S V V E N G E A N C E Y L L N G F
Z S N E L O P D O Q Z I J E D Y E
```

```
Y O U N G N Z L F L Z J W H I H V
: Z W G J P E D M O N E Y U W Z V
: S D S H P H O N O R W P M V V B
: E I P D R S C G P D T S I F R Q
\ O P N I A Z T U L N E X L Q E O
: E K Y C Y I R A U W A S I W S T
' O L O K E O I B D H C X T Q P T
V E D D A R R N T X V H Z Y G E Y
: C V L E A D E R S H I P M S C N
: B X E Y R M Y G H I N C E W T K
: E N E R O S I T Y W G T E Q G M
/ H K J A P J X M I N I S T R Y W
: L S K N U R E S P O N S I B L E
: A L D I Q W V Z T R A I N I N G
```

```
L A R O N T T F J J A O H R E B L
M Q V A S S U R A N C E M U S Z G
A A K E U A X H F Z N M Z Q Y S P
C H A R D S H I P E O Z C R A H R
X A T E A C H M L E G A C Y A C K
T A R N K N N I B I R L T J I E R
C U U D N R Y G J Q B S D A D J S
A D T U M E F C X V O C E E W C O
T F H R E S O L V E L R Y V G L L
W I S E F C G U A R D I G B E W D
C G F T I U V P P M N P D M N R I
U H D E F E N S E S E T U P A G E
E T N F P F O Y E L S U B Y D O R
C T Z I U A U K B E S R N W Z K H
```

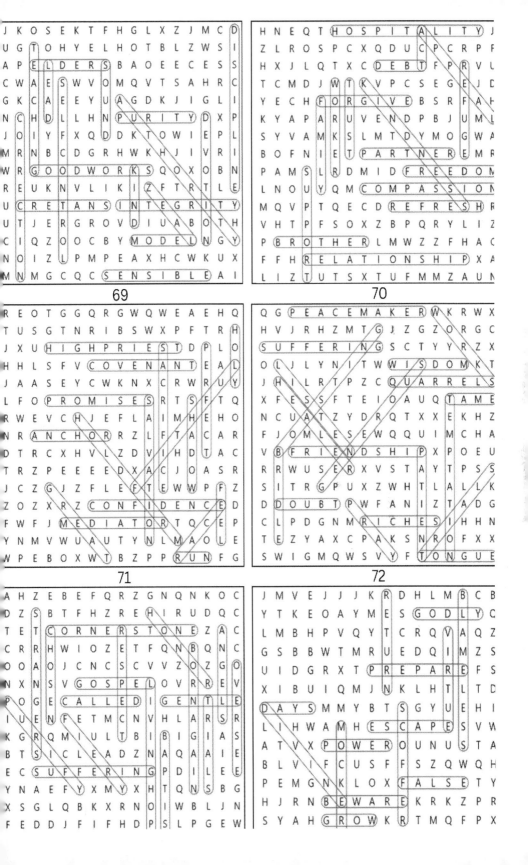

**69**

```
J K O S E K T F H G L X Z J M C D
U G T O H Y E L H O T B L Z W S I
A P E L D E R S B A O E E C E S S
C W A E S W V O M Q V T S A H R C
G K C A E E Y U A G D K J I G L I
N C H D L L H U P U R I T Y D X P
J O I Y F X Q D D K T O W I E P L
M R N B C D G R H W K H J I V R I
W R G O O D W O R K S Q O X O B N
R E U K N V L I K I Z F T R T L E
U C R E T A N S I N T E G R I T Y
U T J E R G R O V D I U A B O T H
C I Q Z O O C B Y M O D E L N G Y
N O I Z L P M P E A X H C W K U X
M N M G C Q C S E N S I B L E A I
```

**70**

```
H N E Q T H O S P I T A L I T Y J
Z L R O S P C X Q D U C P C R P F
H X J L Q T X C D E B T F P R V L
T C M D J W T K V P C S E G E J D
Y E C H F O R G I V E B S R F A J
K Y A P A R U V E N D P B J U M L
S Y V A M K S L M T D Y M O G W A
B O F N I E T P A R T N E R E M R
P A M S L R D M I D F R E E D O M
L N O U Y Q M C O M P A S S I O N
M Q V P T Q E C D R E F R E S H R
V H T P F S O X Z B P Q R Y L I Z
P B R O T H E R L M W Z Z F H A C
F F H R E L A T I O N S H I P X A
L I Z T U T S X T U F M M Z A U N
```

**71**

```
R E O T G G Q R G W Q W E A E H Q
T U S G T N R I B S W X P F T R H
J X U H I G H P R I E S T D P L O
H H L S F V C O V E N A N T E A L
J A A S Y C W N X C R W R U Y
L F O P R O M I S E S R T S F T Q
R W E V C H J E F L A I M H E H O
N R A N C H O R R Z L F T A C A R
D T R C X H V L Z D V I H D T A C
T R Z P E E E E D X A C J O A S R
J C Z G J Z F L E F T E W W P F Z
Z O Z X R Z C O N F I D E N C E D
F W F J M E D I A T O R T Q C E P
Y N M V W U A U T Y N L M A O L E
W P E B O X W T B Z P P R U N F G
```

**72**

```
Q G P E A C E M A K E R W K R W X
H V J R H Z M T G J Z G Z O R G C
S U F F E R I N G S C T Y Y R Z X
O L J L Y N I T W W I S D O M K T
J H I L R T P Z C Q U A R R E L S
X F E S S F T E I O A U Q T A M E
N C U A T Z Y D R Q T X X E K H Z
F J O M L E S E W Q Q U I M C H A
V B F R I E N D S H I P X P O E U
R R W U S E R X V S T A Y T P S S
S I T R G P U X Z W H T L A L L K
D D O U B T P W F A N I Z T A D G
C L P D G N M R I C H E S I X X
T E Z Y A X C P A K S N R O F X X
S W I G M Q W S V Y F T O N G U E
```

```
A H Z E B E F Q R Z G N Q N K O C
D Z S B T F H Z R E H I R U D Q C
T E T C O R N E R S T O N E Z A C
C R R H W I O Z E T F Q N B Q N C
O O A O J C N C S C V V Z O Z G O
N X N S V G O S P E L O V R R E V
P O G E C A L L E D I G E N T L E
I U E N F E T M C N V H L A R S R
K G R Q M I U L T B I B I G I A S
B T S I C L E A D Z N A Q A A I E
E C S U F F E R I N G P D I L E E
Y N A E F Y X M Y X H T Q N S B G
X S G L Q B K X R N O I W B L J N
F E D D J F I F H D P S L P G E W
```

```
J M V E J J J K R D H L M B C B
Y T K E O A Y M E S G O D L Y C
L M B H P V Q Y T C R Q V A Q Z
G S B B W T M R U E D Q I M Z S
U I D G R X T P R E P A R E F S
X I B U I Q M J N K L H T L T D
D A Y S M M Y B T S G Y U E H I
L I H W A M H E S C A P E S V W
A T V X P O W E R O U N U S T A
B L V I F C U S F F S Z Q W Q H
P E M G N K L O X F A L S E T Y
H J R N B E W A R E K R K Z P X
S Y A H G R O W K R T M Q F P X
```

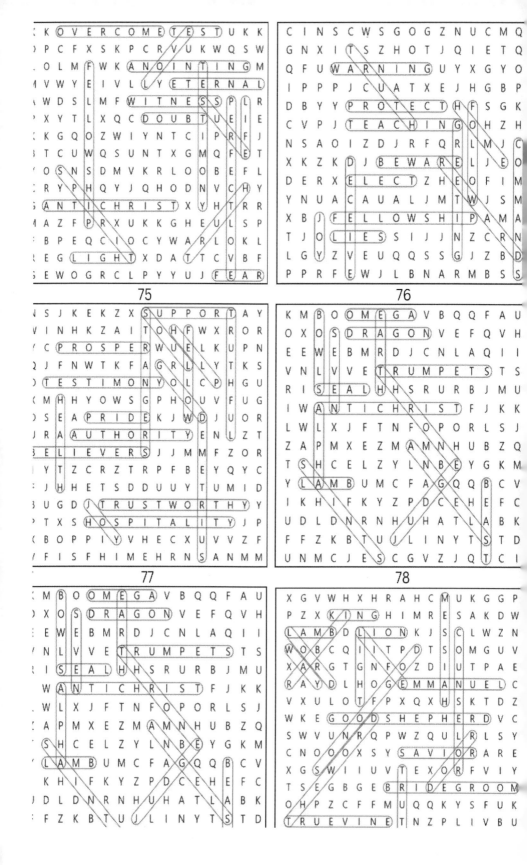

Puzzle 75

```
K O V E R C O M E T E S T U K K
P C F X S K P C R V U K W Q S W
O L M F W K A N O I N T I N G M
V W Y E I V L L Y E T E R N A L
W D S L M F W I T N E S S P L R
X Y T L X Q C D O U B T U E I E
K G Q O Z W I Y N T C I P R F J
T C U W Q S U N T X G M Q F E T
O S N S D M V K R L O O B E F L
R Y P H Q Y J Q H O D N V C H Y
A N T I C H R I S T X Y Y H T R R
A Z F P R X U K K G H E U L S P
B P E Q C I O C Y W A R L O K L
E G L I G H T X D A T T C V B F
E W O G R C L P Y Y U J F E A R
```

Puzzle 76

```
C I N S C W S G O G Z N U C M Q
G N X I T S Z H O T J Q I E T Q
Q F U W A R N I N G U Y X G Y O
I P P P J C U A T X E J H G B P
D B Y Y P R O T E C T H F S G K
C V P J T E A C H I N G O H Z H
N S A O I Z D J R F Q R L M J C
X K Z K D J B E W A R E L J E O
D E R X E L E C T Z H E O F I M
Y N U A C A U A L J M T W J S M
X B J F E L L O W S H I P A M A
T J O L I E S S I J J N Z C R N
L G Y Z V E U Q Q S S G J Z B D
P P R F E W J L B N A R M B S S
```

77

```
S J K E K Z X S U P P O R T A Y
I N H K Z A I T O H F W X R O R
C P R O S P E R W U E L K U P N
J F N W T K F A G R L L Y T K S
T E S T I M O N Y O L C P H G U
M H H Y O W S G P H O U V F U G
S E A P R I D E K J W D J U O R
R A A U T H O R I T Y E N L Z T
E L I E V E R S J J M M F Z O R
Y T Z C R Z T R P F B E Y Q Y C
J H H E T S D D U U Y T U M I D
U G D J T R U S T W O R T H Y Y
T X S H O S P I T A L I T Y J P
B O P P I Y V H E C X U V V Z F
F I S F H I M E H R N S A N M M
```

78

```
K M B O O M E G A V B Q Q F A U
O X O S D R A G O N V E F Q V H
E E W E B M R D J C N L A Q I I
V N L V V E T R U M P E T S T S
R I S E A L H H S R U R B J M U
I W A N T I C H R I S T F J K K
L W L X J F T N F O P O R L S J
Z A P M X E Z M A M N H U B Z Q
T S H C E L Z Y L N B E Y G K M
Y L A M B U M C F A G Q Q B C V
I K H I F K Y Z P D C E H E F C
U D L D N R N H U H A T L A B K
F F Z K B T U J L I N Y T S T D
U N M C J E S C G V Z J Q T C I
```

```
M B O O M E G A V B Q Q F A U
X O S D R A G O N V E F Q V H
E W E B M R D J C N L A Q I I
N L V V E T R U M P E T S T S
I S E A L H H S R U R B J M U
W A N T I C H R I S T F J K K
W L X J F T N F O P O R L S J
A P M X E Z M A M N H U B Z Q
S H C E L Z Y L N B E Y G K M
L A M B U M C F A G Q Q B C V
K H F K Y Z P D C E H E F C
D L D N R N H U H A T L A B K
F Z K B T U J L I N Y T S T D
```

```
X G V W H X H R A H C M U K G G P
P Z X K I N G H I M R E S A K D W
L A M B D L I O N K J S C L W Z N
W O B C Q I I T P D T S O M G U V
X A R G T G N F O Z D I U T P A E
R A Y D L H O G E M M A N U E L C
V X U L O T F P X Q X H S K T D Z
W K E G O O D S H E P H E R D V C
S W V U N R Q P W Z Q U L R L S Y
C N O O O X S Y S A V I O R A R E
X G S W I I U V T E X O R F V I Y
T S E G B G E B R I D E G R O O M
O H P Z C F F M U Q Q K Y S F U K
T R U E V I N E T N Z P L I V B U
```

Made in United States
Orlando, FL
01 January 2025

56738904R00057